国家文化产业资金支持媒体融合重大项目

国家级精品课程教材

高等职业教育会计专业富媒体智能型
精品系列教材

Comprehensive Training for Accounting

会计综合业务训练

孙万军　郝黄达　主编

东北财经大学出版社　大连
Dongbei University of Finance & Economics Press

图书在版编目（CIP）数据

会计综合业务训练 / 孙万军，郝黄达主编. 一大连 : 东北财经大学出版社，2019.1
（高等职业教育会计专业富媒体智能型·精品系列教材）
ISBN 978-7-5654-3358-0

Ⅰ. 会⋯　Ⅱ. ①孙⋯ ②郝⋯　Ⅲ. 会计学–高等职业教育–教材　Ⅳ. F230

中国版本图书馆 CIP 数据核字（2018）第 263528 号

东北财经大学出版社出版

（大连市黑石礁尖山街 217 号　邮政编码　116025）

网　　址：http：// www.dufep.cn

读者信箱：dufep@dufe.edu.cn

大连图腾彩色印刷有限公司印刷　　东北财经大学出版社发行

幅面尺寸：185mm×260mm　　字数：270千字　　印张：19.5　　插页：1
2019 年 1 月第 1 版　　　　　　　2019 年 1 月第 1 次印刷

责任编辑：王天华　周　慧　　　　　　责任校对：蔡美丽
封面设计：冀贵收　　　　　　　　　　版式设计：钟福建

定价：39.00 元

教学支持　售后服务　　联系电话：（0411）84710309
版权所有　侵权必究　　举报电话：（0411）84710523
如有印装质量问题，请联系营销部：（0411）84710711

总　序

　　教育工作者对教材历来是情有独钟的，但究竟什么是职业化教材，教育界至今为止依然是仁者见仁，智者见智。不过有一点人们还是取得了比较一致的共识：教材是课程内容的载体，是课程与教学体系的重要组成部分。从一般意义上讲，教材是根据课程标准或大纲的规定，对每个教学活动的内容进行选择，并按一定的逻辑顺序加以组织的教学媒体。国内著名职业教育专家姜大源教授认为，"教材是课程的记录，更应该是课程的设计，体现教学设计思想"。它更多地表现为一种媒介、一种工具、一种资源。人们常讲，教材是教学相长的纽带，是教师授课取材之源，也是学生求知解惑之本。现代高校有四大功能，即人才培养、科学研究、社会服务、文化传承与创新。《中华人民共和国高等教育法》明确规定，人才培养是高等学校的第一要务，而教材在人才培养过程中则扮演着十分重要的角色，其地位是由教材本身所具有的特性决定的。正因如此，教育部长期以来高度重视教材建设，这可从教育部定期组织开展的国家规划教材遴选与立项、国家精品课程、国家专业教学资源库、国家精品开放课程——资源共享课等配套教材建设，以及下发的《关于"十二五"职业教育教材建设的若干意见》《关于深化职业教育教学改革全面提高人才培养质量的若干意见》《关于建立职业院校教学工作诊断与改进制度的通知》《高等职业教育创新发展行动计划（2015—2018）》等文件中得到进一步的印证。

　　随着大数据、"互联网+"时代的到来，各种信息化手段正在改变传统课堂教学和学习方式，这给高等职业教育改革与发展带来重大机遇和挑战。翻转式学习、混合式教学、合作学习、微课、慕课、SPOC、智慧课堂等已经深深影响着教育领域，"一场颠覆性的教育革命正在上演"，当然也包括我们的职业教育。未来的教材是什么样子？这是摆在每一位高等职业教育工作者面前亟待解决的非常重要的课题。显然，正确的态度应该是直面挑战、担当有为，积极拥抱教育新时代的变化并融入其中。有鉴于此，如何创新会计人才培养模式、构建科学的会计课程体系、保证高职会计教育质量，对会计教材建设无疑提出了新的更高的要求。做好教材建设，不外乎要解决以下问题：什么是职业化教材？教材与一般类图书有什么区别？教材有哪些功能？当前教材建设需要考量哪些影响因素？遵循哪些路径和方法？面对大众创业、万众创新，如何弘扬"工匠"精神、打造智慧教育平台、构建中高职内容衔接的教材？文化育人如何走进教材？教材能否割断历史？大数据、"互联网+"及线上线下教育、慕课、翻转课堂等，以其前所未有的开放性和透明度，提供了一种全新的知识传播和学习方式，传统的纸质教材还有无用武之地？碎片化和颗粒化资源的开发与广泛应用，从悄然无声发展到"井喷"阶段，职业化教材如何实现新常态？面对诸如此类的问题，应秉承什么样的理念并采取什么样的方法加以解决，确实是一件颇费脑筋的事，但我们又不得不面对。科学研究的基本规律告诉我们，干任何事，都要做好顶层设计，教材建设也不例外。做好顶层设计，确定科学的方法和路径，是探究事物本质的唯一选择。从"知其然"到"知其所以然"，既是一切事物认知的合理路径，也是精准开发职业化特色教材的有效途径。事实上，上述问题在很大程度上反映了职业教育界尤其是一线广大教师对教材建设认识的不到位。这也从另一个侧面印证了当前职业化教材存在的诸多问题。很显然，一场教育革命正在悄悄发生。谁会意识到一种全新的商业教材模式正在形成？谁会意识到互联网的力量会改变教材的呈现方式？谁会意识到多媒体资源会逐步取代传统的纸质教材？谁会拥有如此敏锐的先见之明呢？

令人可喜的是，国内不少出版社高屋建瓴、审时度势，已经快速地行动起来去应对这种变化，东北财经大学出版社就是其中杰出的代表。东北财经大学出版社早在2015年1月就向国家教育部申报了一项课题，即"财经高等职业教育富媒体智能型教材开发系统工程——'纸媒与数字、产与教、教与学、学与训、训与评'融合型智能教材及个性化学习解决方案"，随后开始策划组织开发一套高等职业教育会计专业富媒体智能型·精品系列教材，包括：会计基础、初级会计实务、成本会计实务、财务管理、会计信息化操作、审计实务、纳税实务、财务报表分析、会计综合实训、管理会计、财经法规与会计职业道德、中小企业内部控制与风险管理等，先后参加研讨的院校有江苏财经职业技术学院、北京财贸职业学院、浙江金融职业学院、北京经济管理职业学院、江苏经贸职业技术学院、济宁职业技术学院、浙江商业职业技术学院、顺德职业技术学院、长沙民政职业技术学院、江西财经职业技术学院、天津职业大学、淄博职业学院、长春金融高等专科学校、重庆城市管理职业学院、四川财经职业学院、内蒙古财经大学职业学院等。

也许有人会问，富媒体智能型教材是不是近几年悄然流行的电子教科书呢？针对这个问题，国内学者杨九诠如是说：对新生中的教科书来说，教育"语法"与信息"语法"之间紧密的共同构成、流畅的相互表达，才是它的"BASIC语言"。持续的教育教学改革和学习技术进步，多少让人联想到"空中加油"。从信息技术的角度看，电子教科书包括软件和硬件两部分。硬件实施可以通过投入慢慢实现，但对于软件部分，要防止技术至上倾向，这一倾向可能慢工出细活，也可能是慢工出错活。电子教科书的软件设计是一项"灵魂工程"，是"以人为本，全面实施素质教育"理念统领下的更先进的教育、更先进的学习。我们发现有些软件还是按照传统教学模式开发的，长的是"钛合金的心脏"，流的是"应试教育的血液"。这一方面需要制定符合国家教育改革和课程改革精神的电子教科书相关标准，另一方面有赖于区域和学校的体现先进教育教学理念的数字化教学实践的积累。如此看来，与传统纸质教材不一样，电子教材应用还面临哪些困难？还有哪些坎要迈过？还有哪些理念需要更新？这些问题，在做好开发新的职业化教材顶层设计时是无论如何不能熟视无睹的。

富媒体智能型教材是传统媒体与新媒体融合的教材产品，它是基于多年纸媒教材的开发与教学实践，以及交互式网络课件开发经验，结合对PC、APP应用特征和移动学习的+E-Learning"网络课件"的开发技术与立体化、交互式"电子书"——线上互动内容与纸质书本通过二维码嵌入微课、慕课的开发技术相融合。富媒体智能型教材具有六大特征：教材研发以体现未来岗位需求为导向；教材本质体现"真实应用"；教材支撑以信息化、数字化为依托；教材架构以"翻转课堂"为核心；教材精髓体现"因地制宜""因材施教"；教材形式是"纸媒"与"数字媒体"的融合体等。在我们的教育教学模式发生深刻变革的今天，能真正实现"融合式"教学和个性化学习。

　　千锤百炼出真知。本套教材由国内示范高职院校直接从事会计教学的领军人才担任主编，教材特色较为明显，既解决教师"如何教"，又解决学生"怎样学"；既能让学生学知识、学技能，也能让学生学会做人。现在呈现给读者的是一套"暂时"让我们满意的教材，因为它凝聚了近几年高职会计教学改革的最新成果，问题导向、案例分析、碎片化资源和二维码技术贯穿于教材的始终，为学习者提供完美的学习体验；版面设计精致、双色印刷，提高了教材的品质和阅读的愉悦感。当然，教材开发绝不是一蹴而就、一朝一夕之事，而是一项复杂的系统工程，需要政策导向、校企联动、多方参与，实现螺旋上升，品牌辈出。建设一套好的并富有创新性的教材，需要不断地吸取营养、去伪存真、精雕细琢、潜心打磨、团队合作。应该说，这种探索与合作精神是值得赞赏的，但教材建设只有起点，没有终点，永远在路上。我们真诚地期待由东北财经大学出版社出版的高等职业教育会计专业富媒体智能型·精品系列教材能为我国高职会计专业新一轮改革提供一个范式。本系列教材的作者们是否在建设职业化会计教材升级版方面开了个好头，应留给专家、学者和广大师生去评判。

程准中

前　言

本书是东北财经大学出版社出版的"高等职业教育会计专业富媒体智能型·精品系列教材"之一，是按照财政部发布的现行会计准则体系、企业会计信息化工作规范、企业内部控制应用指引和国家税务总局发布的全面推开营业税改征增值税及调整增值税税率等有关规定，为满足新时代我国高等职业教育教学改革对新型专业教材的需求而编写的。

本书采取项目教学法，以企业典型业务为背景，项目情境从认识企业开始，进行建账、各种业务单据处理、记账凭证编制和审核、记账、结账，到会计报表编制、纳税申报表编制和财务分析，体现一个完整的会计工作过程。

本书包含认知企业、建账、日常经济业务处理和期末会计事项处理4个单元及附录，各单元均包含学习情境、工作任务、操作指导、成果展示、学习评价5个部分；附录包含建账、日常经济业务处理和期末会计事项处理3个单元的原始单据。本书体现会计工作过程特征、符合行动导向教学要求，力求情境创设生动、任务要求明确、学习评价合理。采用故事写法描述企业经济业务事项，适用于采用手工和电算两种方式进行操作。

本书由孙万军、郝黄达任主编，张敏、曲文笠任副主编，由孙万军、郝黄达、张敏、曲文笠等撰稿。北京财贸职业学院、大连职业技术学院和东北财经大学出版社等单位对本书的编写与出版给予了大力支持。

本书可作为高职高专院校会计专业及相关专业的教材，也可作为本科院校、成人院校会计专业和会计专业技术人员继续教育的教材或参考书，同时也是广大财经管理工作者自学会计实务的工具。

限于作者的水平和实践经验，且时间仓促，书中难免存在疏漏和不妥之处，敬请批评指正，我们将在下一版中予以更正。

编　者

2018年11月于北京

目　录

绪　论

　　会计综合模拟实训是会计专业开设的一门专业实践性课程。本课程让学生运用手工和计算机操作手段，对模拟企业会计资料进行分岗位、分角色综合实训。一方面，训练学生的会计核算能力、审核能力和会计分析能力，使学生能系统地掌握企业会计核算的全过程，熟悉企业内部会计制度，从而全面提高学生对会计技能的运用水平，提升专业素质；另一方面，可以使学生深入理解会计的岗位分工方法、各岗位之间的工作衔接与协作，增强学生的沟通、协调、协作能力，增强社会责任感。

一、实训目的

　　在会计分岗位综合实训过程中，以企业真实情况为背景，以典型经济业务为主线，通过从企业成立、建账，到日常经济业务处理、期末会计事项处理，再到编制财务会计报告、进行财务分析全过程的模拟操作，不仅使学生了解掌握企业开办程序、填制和审核原始凭证与记账、登记账簿、成本计算、财产清查和编制财务会计报告、进行财务分析的理论方法，而且还能够亲身体验财务经理、会计主管、出纳和记账会计之间的业务传递、内部控制关系，以及会计各岗位之间的分工；既可以补充学习理论教学中没有涉及的实践方面的知识和技能，同时又培养学生用学到的知识指导实践，分析实践中出现的现象和问题，提高学生解决实际问题的能力和创造能力。

　　会计综合模拟实训课程的知识目标、能力目标和品德目标如下：

（一）知识目标

　　了解企业创建程序，熟悉公司法关于企业建立的相关政策规定；了解企业会计内部控制的有关规定；进一步理解会计核算的基本原则和方法，将基础会计、财务会计和成本会计等相关课程进行综合运用；了解财务分析方法，熟悉常用财务指标。

（二）能力目标

　　熟练掌握手工操作和计算机操作条件下，会计综合业务处理能力，具体包括：企业创建手续的办理、各种账簿的设置、各种原始凭证的填制和审核、对各种典型经济业务的会计确认和计量、记账凭证的填制和审核、各种账簿的登记方法、成本计算方法、财产清查、纳税计算与申报，以及编制会计报表，进行基本财务分析；培养学生分工协作能力及环境适应能力。

（三）品德目标

　　通过会计综合模拟实训，将会计理论和知识、专业实践有机地结合起来，达到两者的统一。在学习过程中，加强对学生的品德教育，树立诚信思想，培养学生良好的职业道德，养成实事求是的科学态度和一丝不苟的工作作风；注意锻炼学生的组织能力，使学生具备强烈的集体荣誉感，有团队意识，有良好的协调与沟通能力。

二、实训内容

　　会计综合模拟实训的主要内容包括熟悉会计、了解会计工作组织、掌握会计核算操作能力和会计操作技能。具体内容如下：

（一）认知企业组织

　　了解企业基本情况、企业生产流程、企业内部会计制度、会计人员岗位分工以及会计工作组织形式。

（二）会计核算技能

具体包括手工操作和计算机操作的会计核算能力。

1.建立会计账簿。包括根据企业情况设置会计科目，建立并启用账簿，录入期初数据。

2.审核各种原始单据，明确单据处理程序和要素要求。

3.填制应由财务部门出具的各种原始凭证，包括开具发票及银行结算凭证等。

4.编制有关工资、固定资产、存货及成本核算计算表。

5.编制及审核记账凭证。具体包括筹资与投资业务核算、采购与付款业务核算、销售与收款业务核算、职工薪酬核算、成本与费用核算等。

6.登记总账、日记账、明细账和有关备查账簿。

7.银行对账、财产清查、往来账款管理。

8.期末账项调整业务。具体包括费用计提、计算结转本月应交税费、资产期末计价、结转损益、计算利润和利润分配的会计处理。

9.期末对账与结账。具体包括账实核对、银行对账、往来款清查、试算平衡和结账。

10.编制会计报表。主要包括编制资产负债表、利润表和现金流量表等外部报表。

11.编制纳税申报表。主要包括编制增值税和所得税等纳税申报表。

12.财务分析。根据企业财务会计核算的有关资料，计算常用财务指标，并分析评价模拟企业。

（三）会计操作技能

会计操作技能是通过手工会计操作和计算机会计操作手段处理会计业务的能力，具体包括会计簿记、会计核算、会计报表编制、凭证装订、账簿和报表等会计资料的归档管理等技能。

三、实训组织

本实训采用分岗位的、以学生为主体的协作学习模式。教师在第一次授课时，将学生分成若干个小组。在课程学习中，以小组的形式学习与实践，各自扮演一定的角色，共同完成为小组精心设计的任务，强调任务驱动下学习者之间的积极协作，充分发挥学习者的主体性和主动性。

针对高职学生的特点，教学中采用"忆—练—说—析—思—写"的六步教学法。"忆"就是以练习题、抽查提问等方式引导学生复习与本次实训有关的内容，为实训作准备；"练"指让学生根据实训资料，以理论指导操作，完成实训任务，提高动手能力；"说"是让学生说出在本次的实操中所遇到的问题及自己的解决方法，加深印象，并使学生带着问题进入下一步"析"；"析"是以学生为主，师生共同分析本次实训中的难点，使学生理解后掌握有关的知识点与操作方法；"思"是让学生重温实训操作要点，思考有关问题并作出回答，目的是让学生从实践回到理论，结合操作思考并回答有关问题；"写"就是让学生编写实训报告，总结实训过程及心得体会，深化理论知识，总结操作方法与操作技巧。

四、实训条件

（一）实训场地

整个实训在会计综合模拟实训室内完成。会计综合模拟实训室内学生用桌椅要求按组摆放，每组配四台计算机，组成局域网络，安装财务软件。

（二）实训设备

操作台（学生用桌椅）、计算机（安装财务软件，组成局域网络，教师机要求能够连接外网）、打印机、凭证装订机、订书机、POS机、验钞机、支票打码机、计算器、算盘、科目章、企业公章、财务章、法人章、双色印泥、会计专用笔、笔筒、直尺、胶水、大头针、曲别针、文件夹、资料夹等，按学生数量配置。

（三）实训资料

1.银行票证。包括模拟各种支票、汇票、送款单和进账单等。

2.税务发票。包括模拟增值税发票、电子发票等。

3.各种费用计算表和财务成果计算表。

4.记账凭证。根据需要可以选择收、付、转记账凭证，或者通用记账凭证。

5.各种账簿。包括总分类账、库存现金日记账和银行存款日记账、三栏式明细账、多栏式明细账、数量金额式日记账、备查账、账簿封面、扉页、目录和账页等。

6.会计报表。包括资产负债表、利润表和现金流量表等报表。

7.各种纳税申报表。包括增值税、附加税等纳税申报表。

8.各种封皮。包括记账凭证封皮、会计报表封皮和纳税申报表封皮。

五、考核方法

本课程采用"综合评分法"，对学生学习情况进行考核。该方法采用百分制，包括过程考核和结果考核两部分，其中过程考核占60%、结果考核占40%。

第一单元 认知企业

　　通过本单元学习，应做到：能阐述公司的基本情况，知道企业会计岗位的设置及其理由；能说明会计核算和管理的一般流程，了解企业内部会计制度，能够对一般的业务核算进行正确的职业判断；了解会计岗位之间的分工协作关系，能与企业外部单位、内部各部门、各岗位工作人员进行有效的沟通；通过对职业和岗位的认知，深刻理解会计职业道德的重要性。

【学习情境】

　　2018年10月初，夏羽飞和他的注册会计师朋友李翊聊天。

　　夏羽飞："我现在有一笔资金，想投资做一个项目。经市场调研，目前智慧教室和会议室桌椅有一定的市场需求。正好我有很好的原材料进货渠道，所以，我想注册一家企业，专门为学校智慧教室和各单位的会议室生产新型桌椅，你有什么建议？"

　　李翊："这个主意很好啊！按我国公司法的规定，企业的组织形式可以分为有限责任和无限责任两大类。我建议你成立一家有限责任公司。"

　　夏羽飞："哦，那我是不是该给公司起个不错的名字？"

　　李翊："是这样，这是成立公司的第一步。公司的名字想好了吗？"

　　夏羽飞："中国华枫家具制造有限公司，怎么样？"

　　李翊："名字不错，不过如果给公司起这个名字，需要在国家工商总局登记注册，手续可能会麻烦些。"

　　夏羽飞："为什么？在大连市工商局不能注册吗？"

　　李翊："按规定，名字中包含中国、中华、国家、国际等字样的公司，公司名称的管辖权在国家工商总局。你如果想在市工商局注册，可以把名字改成大连华枫家具制造有限公司。"

　　夏羽飞："是这样啊！这里的学问还真多。公司注册过程中有什么问题还要多请教你。"

　　李翊："没问题，都是老朋友了！"

　　三天后，夏羽飞拿着大连华枫家具制造有限公司"企业名称预先核准通知单"和"公司设立申请表"给李翊打电话。

　　夏羽飞："你好！我的企业名称已经核准了！"

　　李翊："恭喜恭喜！"

　　夏羽飞："那我下一步需要做什么？"

　　李翊："你的办公场地打算怎么解决？"

　　夏羽飞："我已经看好一栋厂房了，原来也是做家具生产的，厂房和办公室都符合需要，我想买下来。"

　　李翊："嗯，那你需要先办理房屋买卖手续。另外，生产性企业还需要办理环保评估，这是前置审批。"

　　夏羽飞："好的，我尽快办理。"

　　11月3日，股东按照公司章程的规定，将资金及时、足额存入企业临时账户。

11月7日，夏羽飞携带公司设立所需的全部必备文件，到工商局办理企业注册登记。

5个工作日后，夏羽飞如愿以偿地取得了"大连华枫家具制造有限公司"的营业执照。公司基本信息如下：

> 企业名称：大连华枫家具制造有限公司。
> 经营范围：家具制造。该公司主要生产教学和会议室用排桌，分别有二人桌、三人桌两种型号。
> 法人代表：夏羽飞，身份证号码：210202196507073349。
> 住址：大连市甘井子区夏泊路108号3-301。
> 注册资金：1 000万元，经营地址：大连市甘井子区夏泊路108号，电话：041182140000。
> 注：甘井子区夏泊路属于六类地，城镇土地使用税6元/平方米。

公司设立成功。罗雪青被聘为办公室主任，赵轩被聘为财务经理，胡美玲是人力资源部经理，谭世俊为车间主任。

大连华枫家具制造有限公司设有办公室、生产部、采购部、仓储部、销售部、财务部、人力资源部7个部门，企业人员类别都是正式工，组织机构设置如图1-1所示。

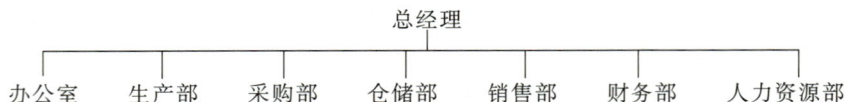

图1-1　企业组织机构设置

企业计算机建账基础信息中对客户、供应商不进行分类，存货进行分类；分类编码方案：科目编码级次4-2-2-2，部门编码级次1-2，存货编码级次2-2-3，收发类别编码级次1-1-1，结算方式编码级次1-2；单价、数量及换算率的小数位均为2位。会计核算中涉及的各种分配率计算结果（数据精度）保留小数位2位；系统启用模块：总账、应收款管理、应付款管理、采购管理、销售管理、固定资产、库存管理、存货核算；启用会计期：2018年12月。

人力资源准备

人力资源部由胡美玲负责，公司紧锣密鼓地开始了相关人员的招聘工作。招聘完毕后，全部员工人数及分布见表1-1。

表1-1　　　　　　　　　　　　　　　公司员工一览表

部门编号	部门名称	员工编号	员工名称	人员属性	人员类别	性别	银行名称	银行账号	是否业务员	是否操作员
1	办公室	101	夏羽飞	法人代表人兼总经理	企管人员	男	大连银行	800000111000301	是	否
1	办公室	102	罗雪青	办公室主任	企管人员	女	大连银行	800000111000302	是	否
1	办公室	103	黄小娟	办公室文员	企管人员	女	大连银行	800000111000303	是	否
1	办公室	104	魏庆峰	司机	企管人员	男	大连银行	800000111000304	是	否
1	办公室	105	杨咏	司机	企管人员	男	大连银行	800000111000305	是	否
2	生产部	201	谭世俊	车间主任	生产人员	男	大连银行	800000111000306	是	否
2	生产部	202	钱忠坤	板材切割组 组长	生产人员	男	大连银行	800000111000307	是	否

续表

部门编号	部门名称	员工编号	员工名称	人员属性	人员类别	性别	银行名称	银行账号	是否业务员	是否操作员
2	生产部	203	郑旭飞	板材切割组 领料员	生产人员	男	大连银行	800000111000308	是	否
2	生产部	204	郭新鑫	板材切割组 工人	生产人员	男	大连银行	800000111000309	是	否
2	生产部	205	宫为维	板材切割组 工人	生产人员	男	大连银行	800000111000310	是	否
2	生产部	206	于旭晖	板材切割组 工人	生产人员	男	大连银行	800000111000311	是	否
2	生产部	207	孙有粮	钢管切割组 组长	生产人员	男	大连银行	800000111000312	是	否
2	生产部	208	周新方	钢管切割组 领料员	生产人员	男	大连银行	800000111000313	是	否
2	生产部	209	杨小健	钢管切割组 工人	生产人员	男	大连银行	800000111000314	是	否
2	生产部	210	黄军侠	钢管切割组 工人	生产人员	男	大连银行	800000111000315	是	否
2	生产部	211	孙有亮	钢管切割组 工人	生产人员	男	大连银行	800000111000316	是	否
2	生产部	212	王小溪	板材压边组 组长	生产人员	女	大连银行	800000111000317	是	否
2	生产部	213	祖利军	板材压边组 领料员	生产人员	男	大连银行	800000111000318	是	否
2	生产部	214	何爱军	板材压边组 工人	生产人员	男	大连银行	800000111000319	是	否
2	生产部	215	宋伟强	板材压边组 工人	生产人员	男	大连银行	800000111000320	是	否
2	生产部	216	赵银虎	板材压边组 工人	生产人员	男	大连银行	800000111000321	是	否
2	生产部	217	安在奇	钢管打磨组 组长	生产人员	男	大连银行	800000111000322	是	否
2	生产部	218	谢爱民	钢管打磨组 领料员	生产人员	男	大连银行	800000111000323	是	否
2	生产部	219	胡雪峰	钢管打磨组 工人	生产人员	男	大连银行	800000111000324	是	否
2	生产部	220	杨小威	钢管打磨组 工人	生产人员	男	大连银行	800000111000325	是	否
2	生产部	221	马颖超	钢管打磨组 工人	生产人员	男	大连银行	800000111000326	是	否
2	生产部	222	盖增智	喷漆组 组长	生产人员	男	大连银行	800000111000327	是	否
2	生产部	223	马黎明	喷漆组 领料员	生产人员	男	大连银行	800000111000328	是	否
2	生产部	224	祖明海	喷漆组 工人	生产人员	男	大连银行	800000111000329	是	否
2	生产部	225	姜涵涵	喷漆组 工人	生产人员	男	大连银行	800000111000330	是	否
2	生产部	226	孟子歧	包装组 组长	生产人员	男	大连银行	800000111000331	是	否
2	生产部	227	吕明东	包装组 领料员	生产人员	男	大连银行	800000111000332	是	否
2	生产部	228	崔京花	包装组 工人	生产人员	男	大连银行	800000111000333	是	否
2	生产部	229	郭艳丽	质量检验组 组长	生产人员	女	大连银行	800000111000334	是	否

续表

部门编号	部门名称	员工编号	员工名称	人员属性	人员类别	性别	银行名称	银行账号	是否业务员	是否操作员
2	生产部	230	洪鸿	质检员	生产人员	女	大连银行	800000111000335	是	否
3	采购部	301	江若岩	采购部经理	采购人员	女	大连银行	800000111000336	是	是
3	采购部	302	由天明	采购主管	采购人员	男	大连银行	800000111000337	是	否
3	采购部	303	马天啸	采购员	采购人员	男	大连银行	800000111000338	是	否
3	采购部	304	温涛	货车司机	采购人员	男	大连银行	800000111000339	是	否
4	仓储部	401	王清清	仓储主管	库管人员	女	大连银行	800000111000340	是	否
4	仓储部	402	刘天娇	仓库管理员	库管人员	女	大连银行	800000111000341	是	否
5	销售部	501	宫小威	销售主管	销售人员	男	大连银行	800000111000342	是	是
5	销售部	502	曲立立	销售员	销售人员	男	大连银行	800000111000343	是	否
5	销售部	503	王艳艳	销售员	销售人员	女	大连银行	800000111000344	是	否
5	销售部	504	夏明海	货车司机	销售人员	男	大连银行	800000111000345	是	否
6	财务部	601	赵轩	财务经理	财务人员	男	大连银行	800000111000346	是	是
6	财务部	602	王云	财务主管	财务人员	女	大连银行	800000111000347	是	是
6	财务部	603	张艾佳	出纳	财务人员	女	大连银行	800000111000348	是	是
6	财务部	604	刘涌	记账会计	财务人员	男	大连银行	800000111000349	是	是
7	人力资源部	701	胡美玲	人力资源部经理	企管人员	女	大连银行	800000111000350	是	是
7	人力资源部	702	由天威	文员	企管人员	女	大连银行	800000111000351	是	否
7	人力资源部	703	曲艺	文员	企管人员	女	大连银行	800000111000352	是	否

生产工艺设计

谭世俊作为车间主任，在大量市场调研的基础上，组织制定了生产工艺流程图及生产消耗定额表。

该公司主要生产设备：全自动家具生产线。

主要材料：18mm 装饰板、15mm 装饰板、5mm 装饰板、5cm 方钢管、支架和固定底座。

辅助材料：封边条、螺栓螺母、螺钉、黏合剂、油漆、打包带。

包装材料：二人桌包装纸箱、三人桌包装纸箱。

生产工艺流程如图 1-2 所示。

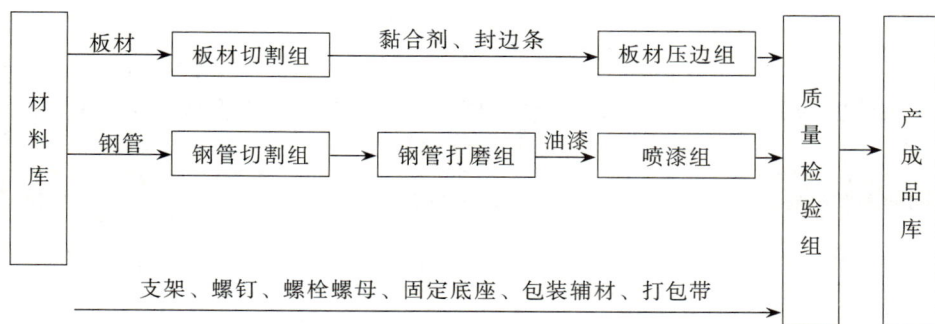

图1-2　生产工艺流程

该企业生产两种产品：二人桌和三人桌。产品主要材料消耗定额见表1-2。

表1-2　　　　　　　　　　　　产品主要材料消耗定额

产品名称	原材料	计量单位	数量
二人桌	18mm装饰板	米	1.0
	15mm装饰板	米	1.0
	支架	付	2.0
	5cm方钢管	米	1.2
	固定底座	个	2.0
	5mm装饰板	米	1.0
三人桌	18mm装饰板	米	1.5
	15mm装饰板	米	1.5
	支架	付	3.0
	5cm方钢管	米	1.8
	固定底座	个	3.0
	5mm装饰板	米	1.5

辅助材料消耗定额见表1-3。

表1-3　　　　　　　　　　　　辅助材料消耗定额

产品名称	螺栓螺母	螺钉	封边条	油漆	黏合剂
二人桌	12个	4个	2.4米	20克	100张/盒
三人桌	18个	6个	2.4米	30克	100张/盒

二人桌和三人桌生产工时比例为1：1，生产工人工资按工时比例分配。产品耗用的原材料和主要辅助材料全部于生产开始时一次性投入，产品生产周期为10天。制造费用按主要材料成本进行分配。

存货信息设置

计算机建立账套，关于库存系统和存货核算系统设置的相关信息见表1-4至表1-8。

表1-4　　　　　　　　　　　　存货计量单位组

计量单位组编码	计量单位组名称	计量单位组类别
01	无固定换算率	无换算率

表1-5　　　　　　　　　　　　存货计量单位

计量单位编码	计量单位名称	计量单位组	主单位标志	换算率
1	张	01无固定换算率		
2	米	01无固定换算率		
3	付	01无固定换算率		
4	个	01无固定换算率		
5	克	01无固定换算率		
6	盒	01无固定换算率		
7	次	01无固定换算率		

表1-6　　　　　　　　　　　　存货的收发类别

编 号	名 称
1	入库
11	采购入库
12	产成品入库
13	其他入库
2	出库
21	销售出库
22	其他出库

表1-7　　　　　　　　　　　　仓库档案

仓库编码	仓库名称	计价方式
1	材料库	移动加权平均法
2	成品库	全月一次加权平均法

表 1-8　　　　　　　　　　　　　　　　存货档案

存货编码	存货名称	进项税率	计量单位组	计量单位	属性
1	18mm装饰板	16%	无换算率组	米	外购、生产耗用
2	15mm装饰板	16%	无换算率组	米	外购、生产耗用
3	支架	16%	无换算率组	付	外购、生产耗用
4	5cm方钢管	16%	无换算率组	米	外购、生产耗用
5	固定底座	16%	无换算率组	个	外购、生产耗用
6	5mm装饰板	16%	无换算率组	米	外购、生产耗用
7	螺栓螺母	16%	无换算率组	个	外购、生产耗用
8	螺钉	16%	无换算率组	个	外购、生产耗用
9	封边条	16%	无换算率组	米	外购、生产耗用
10	油漆	16%	无换算率组	克	外购、生产耗用
11	黏合剂	16%	无换算率组	盒	外购、生产耗用
12	二人桌包装纸箱	16%	无换算率组	个	外购、生产耗用
13	三人桌包装纸箱	16%	无换算率组	个	外购、生产耗用
14	办公用品	16%	无换算率组	个	外购、生产耗用
15	工作服	16%	无换算率组	套	外购、生产耗用
16	二人桌	16%	无换算率组	张	自制、内销
17	三人桌	16%	无换算率组	张	自制、内销
18	运费	10%	无换算率组	次	外购、应税劳务

会计制度设计

赵轩作为财务经理，明确了财务部工作人员的岗位及工作职责。在此基础上，财务部门在赵轩的带领下，有序开展各项业务。

财务部门岗位设置及工作职责见表1-9。

表1-9 公司财务部门岗位设置及工作职责

编码	人员姓名	隶属部门	职务	手工操作分工	计算机操作分工
01	赵轩	财务部	财务经理	全面控制、审核	系统初始化、审核销售订单、审核采购订单、全面控制、审核、数据分析
02	王云	财务部	财务主管	期末结转等、稽核、总账、报表	审核发票、审核记账凭证、记账、存货核算、对账（含银行对账）、结账、编制会计报表、财务指标分析、票据管理、期末结转等
03	刘涌	财务部	记账会计	日常凭证制作	编制记账凭证、固定资产核算、往来账款管理
04	张艾佳	财务部	出纳	库存现金、银行存款日记账登记	审核收付款单、出纳签字
05	王清清	仓储部	仓储主管		编制、审核出库单和入库单、盘点业务处理
06	由天明	采购部	采购主管		录入采购订单、收货单
07	宫小威	销售部	销售主管		录入销售订单、发货单

为了规范企业的会计核算，真实、完整地提供会计信息，根据《中华人民共和国会计法》、企业会计准则及其他有关法律和法规，结合本公司具体情况制定本制度。

1.会计年度

会计年度自公历1月1日起至12月31日止。

2.记账本位币

会计核算以人民币为记账本位币。

3.记账方法、核算原则和计价基础

会计记账采用借贷记账法，凭证类别选择记账凭证；会计核算原则为权责发生制，收入与其相关的成本、费用应当相互配比；计价基础为实际成本法。

4.现金等价物的确定标准、结算方式及核算方法

持有的期限短（从购买日起，三个月内到期）、流动性强、易于转换为已知金额现金、价值变动风险很小的投资，确认为现金等价物。

采用的结算方式包括现金、现金支票、转账支票、银行汇票、银行承兑汇票、电汇、同城特约委托收款等。收、现付业务分别由销售部门和采购部门先录入申请信息，再由财务部门进行处理。开具销售发票时，首先由销售部门填制销售发票申请单，由财务部门审核后再向用户出具。每月根据银行对账单核对清查银行存款。

5.坏账准备核算方法

采用备抵法核算坏账损失。坏账准备按决算日应收款项余额百分比计提，提取比例为5‰。应收款项包括应收账款、其他应收和预付账款。

6.存货核算方法

各种存货按取得时的实际成本记账；存货日常核算采用实际成本核算，采用永续盘存制；对库存商品采用品种法核算，存货发出采用加权平均法计算。

低值易耗品和周转使用的包装物、周转材料等在领用时摊销，摊销方法采用一次摊销。

存货定期盘点，每季度至少盘点一次。盘点结果如果与账面记录不符，于期末前查明原因，经批准在期末结账前处理完毕。盘盈的存货，冲减当期的管理费用。盘亏的存货，在减去过失人或者保险公司等赔款和残料价值之后，计入当期管理费用；属于非常损失的，计入营业外支出。

盘盈或盘亏的存货，如在期末结账前尚未经批准的，在对外提供财务会计报告时先按上述规定进行处理，并在会计报表附注中作出说明；如果其后批准处理的金额与已处理的金额不一致，按其差额调整会计报表相关项目的年初数。

期末存货按成本与可变现净值孰低计价，并按单个存货项目提取存货跌价准备，计入当期损益。在资产负债表中，存货项目按照减去存货跌价准备后的净额反映。

7.短期投资核算方法

短期投资计价方法：短期投资以实际支付的全部价款（包括税金、手续费等相关费用）减去已宣告但尚未领取的现金股利，或已到付息期但尚未领取的债券利息后的金额入账。

短期投资收益的确认方法：短期投资持有期间所获得的现金股利或利息，于实际收到时，冲减短期投资的账面价值，但收到的、已计入应收项目的现金股利或利息除外。处置短期投资时，按收到的处置收入与短期投资账面价值的差额确认为当期损益。

8.固定资产及其折旧核算方法

固定资产，是指企业使用期限超过一年的房屋、建筑物、机器、机械、运输工具以及其他与生产、经营有关的设备、器具、工具等。不属于生产经营主要设备的物品，并且使用期限超过一年的，也应当作为固定资产。

固定资产按取得时的实际成本计价并予记账。固定资产折旧方法采用年限平均法，并按固定资产类别的原价、估计经济使用年限和预计残值（原价的5%）确定其折旧率。固定资产类别及折旧率见表1-10。

表1-10　　　　　　　　固定资产类别及折旧率

资产类别	估计使用年限	年折旧率
房屋、建筑物	20	4.75%
生产设备、运输工具（火车、轮船）	10	9.5%
运输工具（除火车、轮船外）	5	19%
办公用具及其他设备	5	19%
电子设备	3	31.67%

下列固定资产应当计提折旧：房屋和建筑物；在用的机器设备、仪器仪表、运输工具、工具器具；季节性停用、大修理停用的固定资产；融资租入和以经营租赁方式租出的固定资产。

折旧方法一经确定，不得随意变更。如需变更，应当在会计报表附注中予以说明。

固定资产大修理费用采用待摊的方式核算，在两次大修理间隔期内各期均衡地摊销并计入有关的成本、费用。固定资产日常修理费用，直接计入当期成本、费用。

由于出售、报废或者毁损等原因而发生的固定资产清理净损益，计入当期营业外收支。

固定资产应当按月计提折旧，并根据用途计入相关资产的成本或者当期损益。

企业至少应当于每年年度终了，对固定资产的使用寿命、预计净残值和折旧方法进行复核。

使用寿命预计数与原先估计数有差异的，应当调整固定资产使用寿命。

预计净残值预计数与原先估计数有差异的，应当调整预计净残值。

与固定资产有关的经济利益预期实现方式有重大改变的，应当改变固定资产折旧方法。

固定资产使用寿命、预计净残值和折旧方法的改变应当作为会计估计变更。

企业的固定资产在期末按照账面价值与可收回金额孰低计价，对可收回金额低于账面价值的差额计提固定资产减值准备。

计算机建立账套，关于固定资产系统设置的相关信息见表1-11和表1-12。

表1-11　　　　　　　　　　固定资产系统参数

参数	设置
账套启用月份	2018.12
本账套是否计提折旧	是
主要折旧方法	平均年限法（一）
折旧汇总分配周期	一个月
当（月初已计提月份=可使用月份-1）时，将剩余折旧全部提足（工作量法除外）	是
资产类别编码方式	2-1-1-2
固定资产编码方式	自动编码（类别编号+序号）
序号长度	3
折旧率保留百分数	4位小数（卡片项目中修改）
与账务处理系统进行对账	是
固定资产对账科目	1601，固定资产
累计折旧对账科目	1602，累计折旧
在对账不平的情况下允许固定资产月末结账	否
［固定资产］缺省入账科目	1601，固定资产
［累计折旧］缺省入账科目	1602，累计折旧

注：当月增加的固定资产，当月不提折旧；当月减少的固定资产，当月照提折旧。

表1-12　　　　　　　　　　　　固定资产增减方式

编号	增减方式名称	对应入账科目
1	增加方式	
101	直接购入	1002，银行存款
103	捐赠	630102，营业外收入——捐赠利得
104	盘盈	190102，待处理固定资产损溢
105	在建工程转入	160401，在建工程——全自动封边机
2	减少方式	
201	出售	1606，固定资产清理
202	盘亏	190102，待处理固定资产损溢
205	报废	1606，固定资产清理
206	毁损	1606，固定资产清理

9.在建工程核算方法

本公司在建工程包括为建造或修理固定资产而进行的各项建筑和安装工程。

用借款进行的工程发生的借款利息，属于在固定资产尚未交付使用前发生的，计入在建固定资产的成本；固定资产交付使用后发生的，计入当期损益。

工程完工交付使用（竣工验收）时，按工程的实际成本转入固定资产或长期待摊费用。

期末在建工程按账面价值与可收回金额孰低计价，对可收回金额低于账面价值的差额，计提在建工程减值准备。

10.无形资产和其他资产核算方法

无形资产和其他资产按形成时发生的实际成本计价。无形资产的成本，自取得当月起在预计的年限内分期平均摊销，本公司规定按照直线法摊销，计入损益。如合同没有规定受益年限，法律也没有规定有效年限，摊销年限不应低于10年；经营场地的装修费用按受益期5年摊销；筹建期内实际发生的各项费用，除应计入有关财产物资价值者外，均作为开办费用入账，其开办费用应当在开始经营的当月起一次性计入当月的损益。

11.负债的核算

负债，是指过去的交易、事项形成的现时义务，履行该义务预期会导致经济利益流出企业。企业的负债按其流动性，分为流动负债和非流动负债。

各项流动负债，应按实际发生额入账。短期借款、带息应付票据、短期应付债券应当按照借款本金或债券面值，按照确定的利率按期计提利息，计入损益。

各项非流动负债应当分别进行核算，并在资产负债表中分列项目反映。将于1年内到期偿还的非流动负债，在资产负债表中应当作为一项流动负债，单独反映。非流动负债应当按照负债本金或债券面值，按照规定的利率按期计提利息，并按本制度的规定，分别计入工程成本或当期财务费用。

12.借款费用的会计处理方法

企业所发生的借款费用，是指因借款而发生的利息、折价或溢价的摊销和辅助费用，以及因外币借款而发生的汇兑差额。因借款而发生的辅助费用包括手续费等。为专门购建固定资产而发生的长期借款费用，在所购建的固定资产达到预定可使用状态前所发生的，予以资本化，计入所购建的固定资产成本；在固定资产达到预定可使用状态后所发生的，直接计入当期损益。

对于短期借款或不是用于专门购建固定资产的长期借款，其所发生的借款费用按月预提计入当期损益。

13.职工薪酬的核算方法

由单位承担并缴纳的养老保险、医疗保险、失业保险、工伤保险、生育保险、住房公积金分别按照上年度缴费职工月平均工资的19%、10%、1%、1%、0.8%、12%计算；职工个人承担的养老保险、医疗保险、失业保险、住房公积金分别按照本人上月平均工资总额的8%、2%、0.2%、12%计算。各类社会保险金当月计提，下月缴纳。按照国家有关规定，单位代扣个人所得税，其费用扣除标准为5 000元。工资分摊采用合并制单。

14.所有者权益的核算

所有者权益，是指所有者在企业资产中享有的经济利益，其金额为资产减去负债后的余额。所有者权益包括实收资本（或者股本）、资本公积、盈余公积和未分配利润等。

企业的实收资本是指投资者按照企业章程，或合同、协议的约定，实际投入企业的资本。

资本公积包括资本（或股本）溢价、接受捐赠资产、拨款转入、外币资本折算差额等。资本公积项目主要包括：

①资本（或股本）溢价，是指企业投资者投入的资金超过其在注册资本中所占份额的部分。

②接受非现金资产捐赠准备，是指企业因接受非现金资产捐赠而增加的资本公积。

③接受现金捐赠，是指企业因接受现金捐赠而增加的资本公积。

④股权投资准备，是指企业对被投资单位的长期股权投资采用权益法核算时，因被投资单位接受捐赠等原因增加的资本公积，企业按其持股比例计算而增加的资本公积。

⑤拨款转入，是指企业收到国家拨入的专门用于技术改造、技术研究等的拨款项目完成后，按规定转入资本公积的部分。企业应按转入金额入账。

⑥外币资本折算差额，是指企业接受外币投资因所采用的汇率不同而产生的资本折算差额。

⑦其他资本公积，是指除上述各项资本公积以外所形成的资本公积，以及从资本公积各准备项目转入的金额。债权人豁免的债务也在本项目核算。

资本公积各准备项目不能转增资本（或股本）。

盈余公积包括：

①法定盈余公积，是指企业按照规定的比例从净利润中提取的盈余公积。本企业按10%计提法定盈余公积。

②任意盈余公积，是指企业经股东大会或类似机构批准按照规定的比例从净利润中提取的盈余公积。

企业的盈余公积可以用于弥补亏损、转增资本（或股本）。符合规定条件的，也可以用盈余公积分派现金股利。

15.收入确认原则

销售商品的收入，按企业与购货方签订的合同或协议金额或双方接受的金额确定。现金折扣在实际发生时作为当期费用；销售折让在实际发生时冲减当期收入。

本公司已将产品所有权上的重要风险和报酬转移给买方，并不再对产品实施继续管理权和实际控制权，相关的收入已经收到或取得收款证据，并且与销售产品有关的成本能够可靠地计量时，确认营业收入实现。

本公司在劳务总收入与总成本能够可靠地计量，与交易相关的经济利益能够流入本公司，劳务的完成程度能够可靠地确定的前提下确认相关的劳务收入。

本企业提供劳务的收入，按以下规定予以确认：

①在同一会计年度内开始并完成的劳务，应当在完成劳务时确认收入；

②如果劳务的开始和完成分属不同的会计年度，可以按完工进度或完工的工作量确认收入。

因让渡资产使用权而发生的使用费等收入确认：利息收入按使用现金的时间和适用利率计算确定；发生的使用费收入按有关合同或协议规定的收费时间和方法计算确定。上述收入的确定应同时满足：

①与交易相关的经济利益能够流入本公司。

②收入的现金能够可靠地计量。

16.成本、费用的确认和计量

费用，是指企业为销售商品、提供劳务等日常活动所发生的经济利益的流出；成本，是指企业为生产产品、提供劳务而发生的各种耗费。

期间费用直接计入当期损益；成本计入所生产的产品、提供劳务的成本。

企业在生产经营过程中所发生的其他各项费用，以实际发生数计入成本、费用。

企业支付职工的工资，应当根据规定的工资标准、工时、产量记录等资料，计算职工工资，计入成本、费用。企业按规定给予职工的各种工资性质的补贴，也应计入各工资项目。

产品成本按品种法核算，由所生产产品直接耗用的原材料、直接人工和制造费用三部分构成。制造费用在不同产品之间按照耗用原材料的比例进行分配，即二人桌和三人桌的制造费用分配比例为2∶3。

17.税务处理

本公司为增值税一般纳税人，增值税税率为16%，按月缴纳，运费按10%作进项税额抵扣；按当期应交增值税的7%、3%、2%计算城市维护建设税、教育费附加和地方教育附加；企业所得税采用资产负债表债务法，除应收账款外，假设资产、负债的账面价值与其计税基础一致，未产生暂时性差异，企业所得税的计税依据为应纳税所得额，税率为25%，按月预计，按季预缴，全年汇算清缴。缴纳税款和各类社会保险按银行开具的原始凭证分别编制记账凭证。

18.利润及利润分配

利润，是指企业在一定会计期间的经营成果，包括营业利润、利润总额和净利润。企业当期实现的净利润，加上年末分配利润（或减上年未弥补亏损）和其他转入后的余额，为可供分配的利润，具体分配方案按照企业章程和董事会决议执行。

19.会计调整

会计调整是指企业因按照国家法律、行政法规和会计制度的要求，或者因特定情况下按照会计制度规定对企业原采用的会计政策、会计估计，以及发现的会计差错、发生的资产负债表日后事项等所作的调整。

会计政策是指企业在会计核算时所遵循的具体原则以及企业所采纳的具体会计处理方法。企业按照法律或会计制度等行政法规、规章的要求变更会计政策时，应按国家发布的相关会计处理规定执行，如果没有相关的会计处理规定，应当采用追溯调整法进行处理。

企业应当在会计报表附注中披露会计政策变更的内容和理由、会计政策变更的影响数，以及累积影响数不能合理确定的理由。

会计估计是指企业对其结果不确定的交易或事项以最近可利用的信息为基础所作的判断。会计估计变更时，不需要计算变更产生的累积影响数，也不需要重编以前年度会计报表，但应当对变更当期和未来期间发生的交易或事项采用新的会计估计进行处理。

会计政策变更和会计估计变更很难区分时，应当按照会计估计变更的处理方法进行处理。

企业应当在会计报表附注中披露会计估计变更的内容和理由、会计估计变更的影响数，以及会计估计变更的影响数不能合理确定的理由。

会计差错是指在会计核算时，在确认、计量、记录等方面出现的错误。

本期发现的会计差错，应按以下原则处理：

①本期发现的与本期相关的会计差错，应当调整本期相关项目。

②本期发现的与前期相关的非重大会计差错，如影响损益，应当直接计入本期净损益，其他相关项目也应当作为本期数一并调整；如不影响损益，应当调整本期相关项目。

重大会计差错是指企业发现的使公布的会计报表不再具有可靠性的会计差错。重大会计差错一般是指金额比较大，通常某项交易或事项的金额占该类交易或事项的金额10%以上，则认为金额比较大。

③本期发现的与前期相关的重大会计差错，如影响损益，应当将其对损益的影响数调整发现当期的期初留存收益，会计报表其他相关项目的期初数也应一并调整；如不影响损益，应当调整会计报表相关项目的期初数。

④年度资产负债表日至财务会计报告批准报出日之间发现的报告年度的会计差错及以前年度的非重大会计差错，应当按照资产负债表日后事项中的调整事项进行处理。

年度资产负债表日至财务会计报告批准报出日之间发现的以前年度的重大会计差错，应当调整以前年度的相关项目。

20.资产负债表日后事项

资产负债表日后获得新的或进一步的证据，有助于对资产负债表日存在状况的有关金额作出重新估计，应当作为调整事项，据此对资产负债表日所反映的收入、费用、资产、负债以及所有者权益进行调整。以下是需要调整的资产负债表日后事项：

①已证实资产发生了减损；

②销售退回；

③已确定获得或支付的赔偿。

资产负债表日后发生的调整事项，应当如同资产负债表所属期间发生的事项一样，作出相关账务处理，并对资产负债表日已编制的会计报表作相应的调整。这里的会计报表包括资产负债表、利润表及其相关附表和现金流量表的补充资料内容，但不包括现金流量表正表。

21.或有事项

或有事项是指过去的交易或事项形成的一种状况，其结果须通过未来不确定事项的发生或不发生予以证实。或有事项包括或有负债和或有资产。

如果与或有事项相关的义务同时符合以下条件，企业应当将其作为负债：

①该义务是企业承担的现时义务；

②该义务的履行很可能导致经济利益流出企业；

③该义务的金额能够可靠地计量。

符合上述确认条件的负债，应当在资产负债表中单列项目反映。

如果清偿符合上述确认条件的负债所需支出全部或部分预期由第三方或其他方补偿，则补偿金额只能在基本确定能收到时，作为资产单独确认，但确认的补偿金额不应当超过所确认负债的账面价值。

符合上述确认条件的资产，应当在资产负债表中单列项目反映。

22.财务会计报告

会计核算应当划分会计期间，分期结算账目和编制财务会计报告。会计期间分为年度、半年度、季度和月度。年度、半年度、季度和月度均按公历起讫日期确定。半年度、季度和月度均称为会计中期。

企业的财务会计报告由会计报表、会计报表附注组成。企业内部管理需要的会计报表由企业自行规定。

企业向外提供的会计报表包括：资产负债表、利润表、现金流量表和所有者权益（或股东权益）变动表。会计报表的填列，以人民币"元"为金额单位，"元"以下填至"分"。

【工作任务】

1.熟悉一般制造业企业的组织结构，了解各部门的主要任务及工作职责。

2.熟悉企业的生产工艺流程和产品生产定额。

3.了解财务部门的岗位设置、岗位职责以及岗位之间的牵制关系。

4.熟悉企业内部会计制度。

【成果展示】

整理建账需要的基础数据并进行展示。

【学习评价】

学习评价表见表1-13。

表 1-13　　　　　　　　　　　　　　学习评价表

项　目			个人评价	小组评价	教师评价	得分
专业技能	工作任务完成情况	（30分）				
	工作质量	（20分）				
	工作效率	（10分）				
职业素养	组织纪律	（20分）				
	协同情况	（10分）				
	工作态度	（10分）				
总评成绩（总分×本单元占本门课程的比重）						

第二单元　建账

通过本单元学习，应做到：能按照规定开立库存现金日记账、银行存款日记账、总分类账和各种明细账；能根据模拟资料中给出的经济业务编制记账凭证；会登记日记账、明细账和总账；能够运用财务软件进行账套初始设置；熟悉会计人员及分工设置；能够熟练录入初始会计数据；掌握记账凭证填制、审核及记账操作。

【学习情境】

夏羽飞的公司开业一周了。这一天，财务经理赵轩走进他的办公室。

赵轩："夏总，有一个问题我想向您汇报一下。"

夏羽飞："请讲。"

赵轩："我们公司开业一周了，按《中华人民共和国税收征收管理法》的规定，企业应该自领取营业执照或者发生纳税义务之日起15日内设置账簿，而我们还没有建立账簿。现在我们有两个选择：一是建手工账；二是电脑记账。您怎么考虑？"

夏羽飞："我对这个不太在行。说说你的意见吧。"

赵轩："是这样的，两者各有利弊。一般来讲，在刚成立的、规模小、业务少的企业，老会计习惯用手工账。但是，用电脑记账效率高，财务统计更快捷，更能满足需要，而且现在财务软件也不贵，所以，我建议咱们单位使用电脑记账。"

夏羽飞："好的，那我们就采用电脑记账。具体用什么软件你看着办，有了初步方案后给我做个计划。"

赵轩："好的。还有一个问题，按规定使用财务软件，前3个月要求手工记账和电脑记账并行。我们的财务软件还没买回来，所以，11月份只能建立手工账，等软件买回来后再两者并行。"

夏羽飞："好的。另外，企业建账方面的具体工作，就由你来安排。决定之前我们再沟通一下。"

11月20日，赵轩在财务办公室召开部门会议。

赵轩："我们公司领取工商营业执照已经一个多星期了，按规定，企业需要在领取营业执照之日起15日内建立账簿，也就是说，我们公司必须在11月27日前建立会计账簿。但是，由于我们的财务软件尚未选定，所以暂时只能建立手工账，等软件买来后，再登记电脑账。下面我来分配大家的工作任务。刘涌！"

刘涌："在！"

赵轩："你的岗位是普通会计，主要工作任务就是制单和记账。你要及时、准确完成工作，否则将影响下一环节的工作进程。"

刘涌："知道了！"

赵轩："张艾佳，你是出纳，主要工作就是库存现金、银行存款的收付与核对；有价证券的保管；库存现金、银行存款日记账的登记。按规定，3万元以下的报销业务我签字；超过3万元的报销业务，必须夏总签字审核。另外，你要注意出纳工作的日清月结，及时掌握资金动态。"

张艾佳："记住了！"

赵轩："王云，你是总账会计，除了要负责期末账项调整外，还要负责总账登记、稽核和会计报表编制工作。另外，涉税工作主要由你负责，日常交款买发票的事可以让张艾佳去做。"

王云、张艾佳："没问题！"

赵轩："在工作中，大家除了要做好自己职责范围内的工作外，还要记住，我们是一个集体，任何个人的工作有任何差错，都将会影响到我们财务部的工作质量；任何一个环节未能按时完成工作，都将影响以后环节的工作进度。所以，我们要团结、协作，共同做好这份工作。"

大家都点头称是。

赵轩："这是企业筹建期间内发生的业务发票，大家可以按规定进行会计处理了。筹建期间，所有支出款项，没有支票存根的都是总经理个人以现金垫付的。大家可以工作了。"

业务2.1： 2018年11月2日09：00，财务室。

夏羽飞："赵轩，上次你说企业开办期需要一些周转资金，我提了1万元现金，你看够不够？"

赵轩："应该差不多。夏总，您等一会儿，我让张艾佳给您开个收据。艾佳，这是夏总借给公司的1万块钱，你给开个收据。"

张艾佳："好的。夏总，这是您的收据，因为财务章还没有刻，所以这个收据缺少财务章，等财务章刻好我再给您补上，请收好！"

夏羽飞："好的。"

业务2.2： 2018年11月2日11：00，财务室。

罗雪青："赵经理，我早晨去行政服务大厅办理注册登记，资料已经审核通过，下周我去取营业执照。"

赵轩："好的。"

业务2.3： 2018年11月8日10：00，财务室。

罗雪青："赵经理，我早晨去行政服务大厅把咱们的营业执照取回来了。"

赵轩："好的，辛苦啦。"

业务2.4： 2018年11月8日11：00，财务室。

夏羽飞："艾佳，这是我6号参加法人培训的发票，你收好。"

张艾佳："夏总，请您在背面签字。"

夏羽飞："好的。"

张艾佳："这是318元钱，请收好。"

夏羽飞："公司都是我的，还需要给我这笔钱吗？"

张艾佳："夏总，是这样的，公司是一个法人单位，按规定需要以公司为主体计算盈亏，并缴纳各种税费。所以，您的钱还是应该和公司的钱分开。另外，如果您有为公务花销的费用发票，最好及时到财务报账。"

夏羽飞："嗯，好的。"

业务2.5： 2018年11月9日10：00，财务室。

罗雪青："艾佳，这是前几天在工商局指定的刻印社刻印章的发票。钱是我垫付的，赵经理已经签过字了。"

张艾佳："好的。这是530元钱。"

罗雪青："谢谢!"

张艾佳："夏总，我2号给您开的借款收据可以补财务章啦。"

夏羽飞："嗯，好的。"

印章如图2-1所示。

图2-1 印章

业务2.6：2018年11月9日13：00，财务室。

赵轩："艾佳，这是昨天在税务局办理税务登记的资料，你收好。"

张艾佳："好的，赵经理。"

同日，赵轩到税务局办理落户手续，从税务局取得税种认定表；同时，向税务局提交增值税一般纳税人申请表（见表2-1），11月15日获批准（纳税管理与服务事项告知书见表2-2）。

表2-1   税种登记（变更）表

纳税人名称（公章）：   填表日期：2018年11月9日

税务登记号	91210211777700111H	税务管理号	6400011
法人代表	夏羽飞	电话	82140000
登记注册类型	私营有限	国有控股 （含投资）企业	○是 ☑否
行业大类	制造业	行业明细	
总机构标志	○是 ☑否	登记原因	☑纳税人 ○税务机关
缴纳税种	☑增值税 ○消费税 ☑企业所得税 ○外商投资企业及外国企业所得税 ○个人所得税		

以下由纳税人主管税务机关填写

	征收项目	增值税		预算科目	私营企业增值税
增 值 税	纳税期限	月		申报期限	15日
	征收项目分类	城市		征收方式	查账征收
	缴款期限	15日		预缴期限	
	有效期起	2018年11月9日		收款国库	大连银行夏泊支行
	申报方式	网络申报		申报模式	独立申报
	税目	税率	征收率	计量单位	计量方式
	制造业	16%		元	从价

续表

消费税	征收项目	消费税		预算科目	
	纳税期限			申报期限	
	征收项目分类			征收方式	
	缴款期限			预缴期限	
	有效期起			收款国库	
	申报方式			申报模式	
	税目	税率	征收率	计量单位	计量方式

（正面）

企业所得税	征收项目	企业所得税		预算科目	
	纳税期限	季		申报期限	15 日
	征收项目分类			征收方式	查账征收
	缴款期限	15 日		预缴期限	
	有效期起	2018 年 11 月 9 日		收款国库	大连银行夏泊支行
	申报方式	网络申报		申报模式	独立申报
	税目	税率	征收率	计量单位	计量方式
		25%		元	从价

个人存款利息所得税	征收项目	个人存款利息所得税		预算科目	
	纳税期限			申报期限	
	征收项目分类			征收方式	
	预算分配比例			增值税企业类型	
	缴款期限			预缴期限	
	有效期起			收款国库	
	申报方式			申报模式	
	税目	税率	征收率	计量单位	计量方式

（背面）

表2-2　　　　　　　　　　　　纳税管理与服务事项告知书

〔2018〕9536号

大连华枫家具制造有限公司：

　　你（单位）已于2018年11月9日办理落户登记，由甘区局管理二科负责向你提供日常管理与服务，现将有关管理与服务事项告知如下：

　　一、纳税申报：根据你（单位）申报资料，对应申报税种、报表及相关规定提示如下：

税　种	税　目	子目代码	子目名称	税　率	申报期限	代缴标志
个人所得税	工资薪金所得	060100	工资薪金所得	据实申报	每月7日前	代扣代缴
印花税	购销合同	090103	制造-销售	0.0003	每月10日前	正常
印花税	购销合同	090104	制造-采购	0.0003	每月10日前	正常
城市维护建设税	市区	160101	增值税附征	0.07	每月10日前	正常
教育费附加	增值税附征	610101	增值税附征	0.03	每月10日前	正常
地方教育附加	增值税附征	880101	增值税附征	0.02	每月10日前	正常

财务报表名称	申报期限类型	申报期限
资产负债表	季	15日
利润表	季	15日

　　注1：你单位在经营期间发生提示以外的纳税义务的，应依照税收法律法规履行相关申报纳税义务，无特殊情况，税务机关不再另行书面提示。

　　注2：你单位暂按网络申报方式申报纳税，依法自行计算申报缴纳税款。在经营过程中，经税务机关批准申报期限、申报方式、征收方式等发生变化的，按税务机关下发的相关法律文书执行。

　　注3：当月申报期限、入库期限的最后一日是法定休假日的，以休假日期满的次日为期限的最后一日，在期限内有连续3个以上法定休假日的按休假天数顺延。

　　二、发票领购：纳税人首次申请领购普通发票时，需持工商营业执照（副本）、税务登记证（副本）、经办人身份证明、财务印章或发票专用章，填写纳税人领购发票票种核定申请表（背面应留有印模）向主管税务机关税源管理岗提出领购普通发票申请。

　　三、税收管理员将于1个月内对你单位进行涉税基础信息核实与纳税辅导，请给予配合。

　　四、市内四区（含园区、直属）主管税务机关管辖的纳税人拥有坐落在外县市区的房产（土地）的，外县市区主管税务机关管辖的纳税人拥有坐落于非本行政区域内的房产（土地）的，请于跨区房产（土地）纳税义务发生之日起15日内，携带相关证件资料，到跨区房产（土地）坐落地主管税务机关办理房产（土地）登记。

　　通知书一式两份，一份送达纳税人，另一份税务机关留存归档。

大连市甘井子区税务局

二〇一八年十一月九日

业务 2.7：2018 年 11 月 12 日 9：00，财务室。

赵轩："夏总和大连浩天设备股份有限公司的投资款送过来了。艾佳，你到附近的大连银行开立企业基本账户，把投资款存银行。"

张艾佳："好的。夏总，这是您的 600 万元投资款的收款收据。邱总，这是您的 400 万元投资款的收据。请您先核对一下。"

夏羽飞、邱志："没问题！"

张艾佳："请收好。"

2018 年 11 月 12 日 9：40，张艾佳来到大连银行。

张艾佳："先生你好！我要开立企业基本账户并存入 1 000 万元投资款。这是开户的相关资料。投资款分两笔存入，其中夏羽飞投资 600 万元，大连浩天设备股份有限公司存 400 万元。"

柜员："好的。这是您的两张现金缴款单，一张是夏羽飞的，另一张是大连浩天设备股份有限公司的。您核对一下缴款单位名头是否正确。"

张艾佳："好的，没问题。谢谢！"

业务 2.8：2018 年 11 月 19 日 8：30，财务室。

张艾佳："赵经理，我去银行取银行开户许可证并开通网银、回单柜等相关业务。"

赵轩："很好，开通网银以后汇款就方便多了。"

张艾佳："对了，我还买了一本现金支票和两本转账支票。"

赵轩："好啊，银行直接从存款户中扣收。"

业务 2.9：11 月 19 日 9：00，大连万向物业管理有限公司办公室。

夏羽飞和赵轩早已看中了位于大连市夏泊街道 68 号的厂房和办公楼，一起来到其所有者大连万向物业管理有限公司办公室，与该公司经理李斐谈厂房租用事宜。

夏羽飞："李经理你好！上次我们谈过那栋厂房和办公楼的事，没什么问题就按我们事先约定的条件，准备签约吧！"

李斐："欢迎欢迎！租期定 10 年，租金第一年 10 万元（年付），以后每年递增 5%，押金 1 万元。"

夏羽飞："嗯，李主任也是个痛快人！好，就这样定了。这是押金和第一年的租金合计 11 万元的支票，你给我开个发票吧。"

李斐："好的，稍等我一会，我去财务办理一下。（15 分钟后）夏经理，这是您的租房发票和押金收据，您核对一下。"

夏羽飞："没错儿。"

11 月 19 日 14：00，办公室主任罗雪青来到夏羽飞办公室。

罗雪青："夏总，我们租用的厂房已经交付使用了。我看了一下，在厂房旁边的二层小楼，正好可以做办公室，而且原来的装修还挺新，装修风格也挺大方，我们是不是可以不再装修了？"

夏羽飞："呵呵，我正是这个意思。"

罗雪青："不过，原来的办公家具已经搬走了，我们需要买办公家具、办公设备和一些耗材。"

夏羽飞："这件事由你来办。你先列一个清单，然后给我看看。"

罗雪青："好的。"

随后，罗雪青列了一个需要购买办公设备和办公用品的清单，经夏羽飞同意后，就开始安排有关部门购买。

11月19日15：30，车间主任谭世俊来到夏羽飞办公室。

谭世俊："夏总，我们的厂区和厂房收拾得差不多了，是不是该安排购买生产线和原材料了？"

夏羽飞："你有什么想法？"

谭世俊："是这样，我了解到吉林木工机械有限公司生产的全自动家具制作生产线非常适合我们企业使用。根据我所做的调查，这种生产线的性价比很高，一条生产线大约25万元，两条生产线就能满足我们全部需要。"

夏羽飞："你给我详细的产品信息，然后把赵经理找来。"

一会儿，赵轩来到了夏羽飞办公室，三人一起讨论起生产线的事。最后，三人一致决定就买吉林木工机械有限公司生产的全自动家具制作生产线，由谭世俊和赵轩共同负责。同时，赵轩建议购买一辆厢式货车，以便为客户送货；一辆办公用小轿车，均得到了夏羽飞的首肯。

业务2.10：2018年11月20日9：00，总经理办公室。

夏羽飞："雪青，前几天买办公家具、办公设备的事情落实得怎么样了？"

罗雪青："夏总，我正要跟您汇报一下呢。因为我们购买的都是通用办公家具和办公设备，所以第二天就已经敲定供应商，估计今天就能送到。"

夏羽飞："听说现在购买办公家具、办公设备都可以抵扣增值税？"

罗雪青："是的。我要求供应商开具增值税专用发票了。"

夏羽飞："货款怎么支付？"

罗雪青："我已经向财务部门申请转账支票了，其中购买办公家具一批，金额为31 412.80元；办公设备一批，金额为68 440元；办公耗材一批，金额为881.60元。"

夏羽飞："为什么要开好几张支票？"

罗雪青："是这样的，我们是从不同的供应商那里买的家具和设备。办公家具是从大连家具大世界购买的，办公设备是从大连华昌电子城购买的，办公耗材是从大连办公用品制作有限公司购买的。"

夏羽飞："很好。家具和办公设备送到后，你负责验收，然后就按原计划，直接交各部门使用吧。"

罗雪青："好的。我会做好验收和领用的有关手续的。"

业务2.11：2018年11月20日11：00，财务部。

赵轩："谭主任，按约定，我们19号向吉林木工机械有限公司购买2条生产线，价款共计58万元，今天生产线应该运到了吧？"

谭世俊："您算得太准了，生产线刚刚到，对方开具的增值税专用发票也同时收到。我们一起去看看？"

赵轩："好的，你那边验收好，我这边准备汇款。"

在现场，谭世俊和有关工作人员为2条生产线办理了固定资产验收手续。厂家的工作人员负责生产线的安装与调试。

赵轩："艾佳，吉林木工机械有限公司的生产设备到了，你办理一下汇款。"

张艾佳："好的。对了，赵经理，现在银行手续费可以开具增值税专用发票啦。"

赵轩："太好了。"

业务 2.12：2018 年 11 月 21 日 10：00，财务部。

赵轩："宫主管，昨天我们购买了一辆厢式货车，我跟领导沟通好了，一会儿你去把车提回来吧。"

宫小威："厢式货车？太好了，这个正是我们销售部门需要的。"

赵轩："嗯。这是 232 000 元的转账支票，用于支付车款。记得把发票取回来。"

宫小威："好的。"

赵轩："一定要开增值税专用发票，记住了！"

宫小威："好的。不过有什么区别吗？"

赵轩："按规定，购买货车是允许扣除增值税的，不过仅限于取得增值税专用发票。"

宫小威："是这样啊。我记住了。"

业务 2.13：2018 年 11 月 21 日 13：00，财务部。

宫小威："赵经理，厢式货车提回来了，也办妥固定资产验收手续。还需要我做什么吗？"

赵轩："你再跑一趟大连滨海汽车销售中心，帮助办公室把我们购买的一辆办公用小轿车也提回来吧。这是 174 000 元的转账支票，用于支付车款。"

宫小威："没问题。开增值税专用发票，对吗？"

赵轩："对的。"

11 月 21 日，采购部经理江若岩和销售主管宫小威进入夏总办公室，汇报市场拓展情况。

江若岩："夏总，经过我们的努力，到目前为止，已经有 3 个单位跟我们签订了购销合同。我整理一下，我们需要到 12 月底之前供应 3 000 张二人桌、3 000 张三人桌，是不是该安排采购原料了？"

夏羽飞："好，你准备一下采购计划，我审阅后去财务部门请款。"

江若岩："采购计划我已经做好了，除了生产所需材料之外，我还考虑了主要材料的保险储备。"

夏羽飞："非常好！"

业务 2.14：2018 年 11 月 22 日 9：00，财务部。

江若岩："赵经理，我已经请示夏总要购买原材料和辅助材料，夏总同意了。所以我想申请两张支票，一张给大连甘泉建材公司买主要材料，金额是 876 960 元；一张给大连艺海装饰材料公司，金额是 73 196 元。"

赵轩："好的，我让张艾佳开给你。记得要对方开具增值税专用发票。"

江若岩："好的。"

下午，江若岩将取得的增值税专用发票交给财务部，购买的主要材料和辅助材料已办妥验收入库手续。

业务 2.15：2018 年 11 月 23 日 9：30，总经理办公室。

谭世俊："夏总，我们签订的第一批订单 1 000 张二人桌和 1 000 张三人桌要求 12 月 6

日交货，我们的生产周期是10天。是不是该组织生产了？"

夏羽飞："是的。流水线第一次投入使用，时间不要安排得太仓促了。生产线调试得怎么样？"

谭世俊："目前一切都准备就绪。"

夏羽飞："好，那就按程序组织生产吧。具体的生产你来安排，事先告诉我一下就可以了。"

谭世俊："好的，我这就安排领料。"

业务2.16：2018年11月27日9：00，财务部。

赵轩："我们部门购买的财务软件收到了。王云，这是增值税专用发票和转账支票存根，你安排入账吧。"

王云："好的。"

赵轩："既然财务软件已经买回来了，那么我们开始建立计算机账套吧。"

王云、刘涌、张艾佳："好的。"

业务2.17：2018年11月30日9：00，财务部。

胡美玲："赵经理，这个月的工资表做好了，您看一下。"

赵轩："好的。"

业务2.18：2018年11月30日9：30，财务部。

小车司机魏庆峰和货车司机温涛来到财务部。

魏庆峰："赵经理，我们的车辆加油一直是记账，到月底了，石油公司催我们结账了，您看是不是给我们签一张支票付款？"

赵轩："你们在哪家公司加的油？一共多少钱？"

温涛："中石油。我查了，一共5 800元，货车和轿车分别是2 900元。"

赵轩："好的，一会儿让张艾佳给你们开一张支票。记得马上把发票送回来，要增值税专用发票。"

魏庆峰、温涛："好的，谢谢经理。"

中午，魏庆峰和温涛把中石油开具的增值税专用发票送到财务部。

业务2.19：2018年11月30日10：30，财务部。

赵轩："王云，这个月购入的财务软件记得计提长期待摊费用，我已经跟主管税务机关核准了，批准我们把财务软件摊销年限设为2年。"

王云："好的。"

业务2.20：2018年11月30日10：30，财务部。

赵轩："艾佳，你看一下我们的库存现金还有多少？"

张艾佳："还有9 152.00元。"

赵轩："一会儿签一张现金支票，提200 00元备用金，把夏总垫付的开办费10 000元还了吧。"

张艾佳："好的，我马上办。"

一个小时后，张艾佳来到赵轩办公室。

张艾佳："赵经理，夏总的垫付款已经还了，这是夏总签的收据。"

赵轩："很好。"

【工作任务】

任务1：会计手工建账及相应账务处理

1.根据企业情况，分组讨论确定企业应开设的账簿种类。

2.能够根据资料，开设库存现金日记账、银行存款日记账、总分类账和各种明细账。

3.制定具体会计核算流程，知道岗位之间的分工协作关系。

任务2：会计计算机建账

1.新建账套，建立账套名称，设定账套期间。

2.设置人员并进行财务分工。

3.预设会计科目。

4.确定项目核算类别，并设置核算项目（往来单位、部门、职员）。

5.初始数据录入，试算平衡后，备份账套并启用。

【操作指导】

一、建立手工账

（一）建立账簿

会计人员分类装订账本、贴花；会计主管开启手工账簿，填写账簿启用信息，建立备查登记簿。

（二）设置会计科目

1.会计王云设置并填写总账科目，根据业务需要选择不同的明细账账页格式。

2.会计刘涌填写明细账户名称及相关内容。

二、建立计算机账

（一）建立账套文件

以"系统管理员admin"的身份登录"系统管理"；利用"创建账套"功能，录入新建账套信息和数据精度。在"系统启用"中，启用"总账""应收款管理""应付款管理""固定资产""采购管理""销售管理""库存管理""存货核算"系统，各个系统启用日期均为"2018年12月1日"。

（二）设置操作员及权限

以"系统管理员admin"的身份登录"系统管理"，利用"用户管理"功能，录入操作员信息。在"系统管理"窗口中，打开"操作员权限"窗口，指定"01赵轩"为"账套主管"，依次给"02王云"等赋予相应的操作权限。

（三）　建立企业基本档案信息

1.设置部门档案。

2.设置人员档案。

3.设置存货档案。

4.录入客户信息。

5.录入供应商信息。

6.输入开户银行信息。

（四）　设置业务处理基本规则

1.业务类型与费用项目。

2.收付结算方式与付款条件。

3.设置数据权限控制。

（五）　总账系统初始设置

1.设置总账系统业务参数。

2.设置会计科目。

3.设置辅助账。

4.设置凭证类型。

5.录入总账系统期初数据。

（六）　固定资产管理系统初始设置

1.建立固定资产账套。

2.设置固定资产核算参数（选项设置）。

3.设置资产类别。

4.设置增减方式。

5.设置折旧率。

6.建立固定资产卡片。

7.部门对应折旧科目。

（七）　采购管理系统初始设置

（八）　销售管理系统初始设置

1.销售选项设置。

2.设置单据编号。

（九）　库存管理系统初始设置

1.库存选项设置。

2.录入库存期初数据。

（十）　存货核算系统初始设置

1.存货选项设置。

2.设置存货科目。

3.设置对方科目。

4.录入存货期初数据。

（十一）　应收款管理系统初始设置

1.会计人员应用"应收款管理"的"账套参数设置"功能，设置"坏账处理方式"

"自动计算现金折扣""受控科目制单方式""核销生成凭证""预收冲应收生成凭证""销售科目依据"等内容。

2.进行"基本科目设置""结算方式科目设置""坏账准备设置""账期内账龄区间设置""逾期账龄区间设置"等内容。

3.录入应收款管理期初余额。

（十二）应付款管理系统初始设置

1.会计人员应用"应付款管理"的"账套参数设置"功能，设置"单据审核日期依据""受控科目制单方式""采购科目依据"等内容。

2.进行"基本科目设置""结算方式科目设置""坏账准备设置""账期内账龄区间设置""逾期账龄区间设置"等内容。

3.录入应付款管理期初余额。

三、账务处理

业务2.1：借款业务办理及会计核算——开办公司向法人借款

1.出纳张艾佳根据收到的现金开具收据，并登记库存现金日记账和收据登记簿。

2.财务经理赵轩审核收据无误后将收据交给夏总。

业务2.2：工商注册登记业务

1.罗雪青在工商局网站进行企业名称预先核准（公司名称一般由四部分依次组成：行政区划+字号+行业特点+组织形式）

2.罗雪青在工商局网站上填报企业相关资料，系统生成申报文书后到现场提交纸质材料，然后现场审核，审核通过后等待工商局网站公示并发放营业执照。

> 注意：工商注册登记可以分为网上办理（如图2-2所示）和现场办理（如图2-3所示）两种。

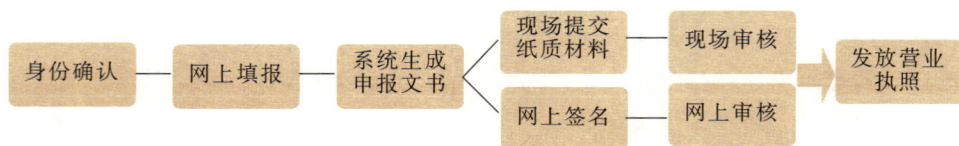

图2-2　网上办理

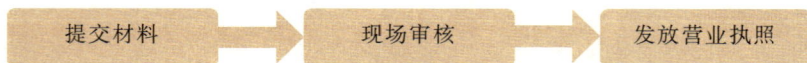

图2-3　现场办理

业务2.3：工商注册登记完成领取营业执照业务

（略）

业务2.4：报销费用（现金）会计核算——法人培训费

1.财务经理赵轩审核法人培训费的报销单及所附的有关票据。

2.出纳张艾佳根据审核无误的法人培训费报销单及所附的有关票据，办理法人培训费报销业务，按报销的金额支付现金。

3.会计刘涌根据审核无误的法人培训费报销单和相关的票据填制记账凭证。

4.出纳张艾佳根据审核无误的记账凭证，登记库存现金日记账。

> 注意：筹建期是指从企业被批准筹建之日起至开始生产、经营（包括试生产、试营业）之日的期间。开办费的核算范围，即开办费包括筹办人员职工薪酬、办公费、培训费、差旅费、印刷费、注册登记费以及不计入固定资产成本的借款费用等。

业务2.5：报销费用（现金）会计核算——刻章费用

1.财务经理赵轩审核刻章费的报销单及所附的有关票据。

2.出纳张艾佳根据审核无误的刻章费报销单及所附的有关票据，办理刻章费报销业务，按报销的金额支付现金。

3.会计刘涌根据审核无误的刻章费报销单和相关的票据填制记账凭证。

4.出纳张艾佳根据审核无误的记账凭证，登记库存现金日记账。

业务2.6：税务登记、税种认定业务

1.财务经理赵轩准备好税务登记资料到办税服务厅提交审核，审核无误后录入税务登记证件信息和税种信息。

2.在办税服务厅登记完企业信息后，税务局会给企业指定专管员负责具体事宜，赵轩来到负责该企业的专管员处并留下联络方式。

税务登记流程如图2-4所示。

图2-4　税务登记流程图

业务2.7：银行开立基本户及会计核算

1.出纳张艾佳带上开立企业银行账户的资料到大连银行办理银行开户业务和存入投资款，柜员审核无误后，将开户回执单和存款凭条等资料交给张艾佳。

2.出纳张艾佳从银行回来后，将资料交给财务经理赵轩，赵轩审核无误后将开户资料归档，并填制相关记账凭证。

3.出纳张艾佳根据审核无误的记账凭证及其所附的缴款单据，登记银行存款日记账。

业务2.8：领取开户许可证、开通网上银行和购买支票业务办理及会计核算——报销购买支票费用和回单柜费用

1.出纳张艾佳来到大连银行领取银行开户许可证，然后将开通网银和回单柜的资料交给银行柜员，柜员审核无误后，将扣款单交给张艾佳。

2.出纳张艾佳从银行回来后，将银行开户许可证和开通网银、回单柜费用报销单交给财务经理赵轩审核，赵轩将开户资料归档。

3.会计刘涌根据审核无误的开通网银、回单柜费用报销单和相关的票据填制记账凭证。

4.出纳张艾佳根据审核无误的记账凭证及其所附的扣款单据，登记银行存款日记账。

业务2.9：租入厂房和办公楼业务办理及会计核算——支付押金和租金

1.夏羽飞和赵轩与大连万向物业管理有限公司签订厂房租用合同，罗雪青组织车间员工验收厂房。

2.财务经理赵轩审核租房发票和厂房验收单。

3.出纳张艾佳根据审核无误的房租费用报销单的有关票据和经过审批的支票付款申请书，办理支付房租业务，签发转账支票，登记支票登记簿。

4.财务经理赵轩审核转账支票存根。

5.会计刘涌根据审核无误的发票、验收单和转账支票存根填制记账凭证。

6.出纳张艾佳根据审核无误的记账凭证及其所附的转账支票存根，登记银行存款日记账。

业务2.10：固定资产（转账支票支付）采购核算——购置办公设备和低值易耗品

1.财务经理赵轩审核发票和固定资产等验收单。

2.出纳张艾佳根据审核无误的发票、固定资产验收单、低值易耗品验收单和经过审批的支票付款申请书，签发转账支票，登记支票登记簿。

3.财务经理赵轩审核转账支票存根。

4.会计刘涌根据审核无误的发票、转账支票存根、固定资产等验收单填制记账凭证。

5.出纳张艾佳根据审核无误的记账凭证及其所附的转账支票存根，登记银行存款日记账。

> **注意**：对于购置的办公设备是否计入固定资产主要是使用期限是否超过一年，且能否给企业带来经济利益的流入；如果不满足上述条件，则应计入低值易耗品。

业务2.11：固定资产（电汇支付）采购核算——购置生产线

1.财务经理赵轩审核发票和固定资产验收单。

2.出纳张艾佳根据审核无误的发票、固定资产验收单和经过审批的电汇付款申请书，通过网上银行电汇支付生产设备款。

3.财务经理赵轩审核电汇凭证（回单）。

4.会计刘涌根据审核无误的发票、电汇凭证（回单）、固定资产验收单填制记账凭证。

5.出纳张艾佳根据审核无误的记账凭证及其所附的电汇凭证（回单），登记银行存款日记账。

业务2.12：固定资产（转账支票支付）采购核算——购置厢式货车

1.财务经理赵轩审核发票和固定资产验收单。

2.出纳张艾佳根据审核无误的发票、固定资产验收单和经过审批的支票付款申请书，签发转账支票，登记支票登记簿。

3.财务经理赵轩审核转账支票存根。

4.会计刘涌根据审核无误的发票、转账支票存根、固定资产验收单填制记账凭证。

5.出纳张艾佳根据审核无误的记账凭证及其所附的转账支票存根，登记银行存款日记账。

业务2.13：固定资产（转账支票支付）采购核算——购置轿车

1.财务经理赵轩审核发票和固定资产验收单。

2.出纳张艾佳根据审核无误的发票、固定资产验收单和经过审批的支票付款申请书，签发转账支票，登记支票登记簿。

3.财务经理赵轩审核转账支票存根。

4.会计刘涌根据审核无误的发票、转账支票存根、固定资产验收单填制记账凭证。

5.出纳张艾佳根据审核无误的记账凭证及其所附的转账支票存根，登记银行存款日记账。

业务2.14：现购业务（单货同到，转账支票付款）核算——采购原材料并验收入库

1.采购员分别与大连甘泉建材公司和大连艺海装饰材料公司签订合同。

2.会计刘涌根据发票填制材料入库单中的实际成本。

3.财务经理赵轩审核付款申请书、发票和材料入库单。

4.出纳张艾佳根据审核无误的发票、材料入库单和经过审批的支票付款申请书，签发转账支票支付货款，登记支票登记簿。

5.财务经理赵轩审核转账支票存根。

6.会计刘涌根据审核无误的付款申请书、发票、材料入库单和转账支票存根填制记账凭证。

7.出纳张艾佳根据审核无误的记账凭证及其所附的转账支票存根，登记银行存款日记账。

8.会计刘涌根据审核无误的材料入库单登记库存商品明细账。

业务2.15：发出存货核算——生产领用原材料

1.郑旭飞填写领料单。

2.财务经理赵轩审核领料单。

3.会计刘涌根据审核无误的领料单填制记账凭证。

4.会计刘涌根据审核无误的领料单登记库存商品明细账。

根据企业内部会计制度的规定，由于发出原材料的实际成本是采用移动加权平均法确定的，因此，会计部门在取得领料单后，会计按照移动加权平均法，根据原材料明细账中当前的移动加权平均单价，计算填写领料单中的总成本，即在领料单中填列单位成本和金额，确定领料实际成本。

业务2.16：无形资产（转账支票支付）采购核算——购置财务软件

1.财务经理赵轩审核发票和无形资产验收单。

2.出纳张艾佳根据审核无误的发票、无形资产验收单和经过审批的支票付款申请书，签发转账支票，登记支票登记簿。

3.财务经理赵轩审核转账支票存根。

4.会计刘涌根据审核无误的发票、转账支票存根、无形资产验收单填制记账凭证。

5.出纳张艾佳根据审核无误的记账凭证及其所附的转账支票存根，登记银行存款日记账。

业务2.17：职工工资核算——计提工资、社保、公积金等

1.出纳张艾佳根据考勤表、职工工资卡、有关部门的扣款通知单等编制工资结算表。

2.计算和填列代扣款项。

代扣款项是职工个人负担、由企业代扣代缴的费用，如个人所得税、社会保险、住房公积金、职工借款等。代扣款项应在发放工资时从应付工资中扣除并予以结转。

缴纳比例：根据社会保险和住房公积金有关法规、企业内部会计制度的规定，由单位承担并缴纳的养老保险、医疗保险、失业保险、工伤保险、生育保险、住房公积金分别按上年度缴费职工月平均工资的19%、10%、0.8%、0.2%、0.8%、12%计算；由职工个人承担的养老保险、医疗保险、失业保险、住房公积金分别按本人上年月平均工资总额的8%、2%、0.2%、12%计算。

3.计算和填列实发工资。

实发工资=应付工资-代扣款项

4.工资结算表编制好后，交人力资源部负责人、财务经理审核签字。审核无误后，交单位主管审批。工资结算表经审批通过后，即可凭此发放工资。

5.会计刘涌根据审核无误的工资结算表，编制工资结算汇总表。

工资结算汇总表的编制方法是：将工资结算表中各位职工的各项工资、代扣款项，分别按部门汇总填列到工资结算汇总表的相应项目中。

6.财务经理赵轩审核工资结算汇总表。

7.会计刘涌根据审核无误的工资结算汇总表编制工资费用分配表，由于本月属于筹建期，所以本月工资费用全部计入管理费用；从下月开始应付给职工的工资应按照其用途分配计入各种产品成本及有关费用账户中，工资结算汇总表所列各车间、部门的应付工资就是分配工资费用的依据。

8.财务经理赵轩审核工资费用分配表。

9.会计刘涌根据审核无误的工资费用分配表填制记账凭证。

业务2.18：报销费用（转账支票支付）会计核算——汽油费用

1.财务经理赵轩审核汽油费的报销单及所附的有关票据。

2.出纳张艾佳根据审核无误的汽油费报销单及有关票据和经过审批的支票付款申请书，签发转账支票，登记支票登记簿。

3.财务经理赵轩审核转账支票存根。

4.会计刘涌根据审核无误的发票和转账支票存根填制记账凭证。

5.出纳张艾佳根据审核无误的记账凭证及其所附的转账支票存根，登记银行存款日记账。

> 注意：汽油费用是由两个部门使用的，所以费用也要根据汽油使用量分摊。

业务2.19：无形资产费用摊销核算——财务软件费用摊销

1.会计主管王云编制无形资产摊销计算表。

2.会计刘涌根据审核无误的无形资产摊销计算表填制记账凭证，无形资产摊销应当编制记账凭证，摊销金额记入"管理费用"账户的借方，同时记入"累计摊销"账户的贷方。

根据《财政部　国家税务总局关于进一步鼓励软件产业和集成电路产业发展企业所得税政策的通知》（财税〔2012〕27号）的规定，企业外购的软件，凡符合固定资产或无形资产确认条件的，可以按照固定资产或无形资产进行核算，其折旧或摊销年限可以适当缩短，最短可为2年（含）。因此，符合固定资产或无形资产确认条件的外购软件，核算时可以适当缩短折旧或摊销年限，最短可为2年（含）。

无形资产摊销的主要特点是：

（1）当月增加的无形资产，当月开始摊销；当月减少的无形资产，当月不再摊销。

（2）无形资产的摊销方法包括直线法、产量法等。本企业选择直线法进行摊销。

（3）无形资产摊销时，残值应假定为零。

业务2.20：提取备用金并还款业务核算

1.出纳张艾佳填制支票付款申请书，经部门主管和单位主管领导审批后，签发现金支票并背书，并登记支票登记簿。

2.财务经理赵轩审核现金支票存根。

3.会计刘涌根据审核无误的现金支票存根填制记账凭证。

4.出纳张艾佳根据审核无误的记账凭证及其所附的现金支票存根，登记库存现金日记账和银行存款日记账。

【成果展示】

展示总分类账。

展示库存现金日记账、银行存款日记账。

展示三栏式明细账、数量金额式明细账、多栏式明细账、横线登记式明细账。

展示会计核算流程，操作员权限分工。

提交建账完成后的账套数据。

【学习评价】

学习评价表见表2-3。

表2-3 学习评价表

项 目		个人评价	小组评价	教师评价	得分
专业技能	工作任务完成情况 （30分）				
	工作质量 （20分）				
	工作效率 （10分）				
职业素养	组织纪律 （20分）				
	协同情况 （10分）				
	工作态度 （10分）				
总评成绩（总分×本单元占本门课程的比重）					

第三单元 日常经济业务处理

通过本单元的学习，应做到：能够正确判断企业一般经济事项的性质，进行正确的会计核算；能够正确进行商品采购、销售、成本和费用等日常业务的核算，并会用计算机方式进行相应的账务处理；会进行各部门、各岗位之间的沟通和协调；养成认真、严谨、细致的工作态度，实事求是和一丝不苟的工作作风。

【学习情境】

夏羽飞的公司已经正式投入生产，目前各方面运转正常。这一天，赵轩来到总经理办公室。

赵轩："夏总，您找我？"

夏羽飞："是啊。前几天老金的公司出了一些问题，出纳挪用公款50多万元，过了2年才发现。"

赵轩："哦，那是他们的内部控制出了一些问题。"

夏羽飞："这么说，我们公司的财务制度已经充分考虑这方面问题了？"

赵轩："是的。其实财政部颁布的《会计基础工作规范》对会计基础工作的管理、会计机构和会计人员、会计人员职业道德、会计核算、会计监督、单位内部会计管理制度建设等问题作出了全面规范。规范中还特别强调，会计工作岗位可以一人一岗、一人多岗或者一岗多人，但应当符合内部牵制制度的要求，出纳人员不得兼管稽核、会计档案保管和收入、费用、债权债务账目的登记工作。同时规定，会计人员的工作岗位应当有计划地进行轮换。如果老金的公司做到了这些，想必就不会出现这样的问题了。"

夏羽飞："这么说，对资产安全来说，最主要的就是内部牵制和轮岗了？"

赵轩："嗯……，不能这么绝对。内部牵制是必须的，轮岗要适度，否则会影响工作的开展。另外，我认为适度的授权也是必要的。比如说，报销业务，多少钱以下部门经理就可以签字，超过限额必须由总经理签字。这样既可以提高工作效率，提高部门工作的积极性，又可以把总经理从琐事中解放出来，全心考虑一些大事。"

夏羽飞："嗯，你再考虑一下，从细节上规范我们的财务工作，并且在年底前制定出企业的内部控制制度。"

赵轩："好的。"

业务3.1：2018年12月3日10：00，财务室。

赵轩："王云，11月份投产的第一批产品已经验收入库，你收到仓库转来的'产品入库单'了吗？"

王云："收到了，早晨刚收到。"

赵轩："嗯，你先收着，我们先不用入账，期末统一处理。"

王云："这样行吗？我们卖产品后，不会出现库存负数吗？"

赵轩："没问题，我们采用期末一次加权平均法计算发出存货成本，同样，销售商品时只记收入，账面暂时不用反映发出存货成本。存货增减变化期末统一处理。"

王云："好，我知道了。"

业务 3.2：12 月 4 日 9：00，财务室。

王云："我们单位的购销业务组织得真不错，第一批产品刚完工，第二批订单又来了！"

张艾佳："是吗？你怎么知道的？"

王云："这不，仓库的领料单刚刚送来。这次是领用 2 500 套二人桌和 2 500 套三人桌的原材料。"

张艾佳："太好了！"

业务 3.3：12 月 5 日 9：00，财务室。

赵轩："艾佳，你把这张现金支票和工资计算表送到银行，准备发工资了。"

张艾佳："好的。"

业务 3.4：12 月 6 日 8：30，财务室。

王云："艾佳，我在网上已经申报了印花税、个人所得税，你有时间去银行取一下扣款回单吧。"

张艾佳："好的，我马上去。"

业务 3.5：12 月 7 日 10：00，财务室。

王云："艾佳，单位在社保和公积金管理机构的开户手续我已经办好了，这个月就要缴纳公积金了，这个月的公积金我已经算好了，一会儿你开具一张转账支票拿着去大连市住房公积金管理中心办理一下吧。"

张艾佳："好的。"

中午，张艾佳办妥公积金缴纳手续，带回"住房公积金汇缴书"。

业务 3.6：12 月 10 日 9：00，财务室。

王云："艾佳，员工扣缴的社保资金连同我们单位应负担的社保我已经算好了，一会儿你拿着社保缴费明细表直接到社保中心划账吧。"

张艾佳："好的。"

中午，张艾佳办妥社保缴纳手续，带回"社会保障基金专用收据"。

业务 3.7：12 月 10 日 10：00，销售室。

宫小威："王会计，大连金沙滩会展有限公司带着转账支票来提货了。立立已经把发票开好了，你给办一下收款手续吧。"

王云："好的。"

王云检查支票无误后，在发票上盖章后交给宫小威。

王云："可以了。艾佳，你把支票存银行吧。"

张艾佳："好的。"

一会儿，张艾佳带着"大连银行进账单"回来了。

业务 3.8：12 月 11 日 9：00，财务室。

马天啸："艾佳，我昨天申请借 3 000 元出差，钱准备好了吗？"

张艾佳："嗯。借款单填好了吗？"

马天啸："填好了，部门负责人也签好字了。"

张艾佳："真不错！这是 3 000 元，请收好。"

业务 3.9：12 月 12 日 9：00，财务室。

罗雪青："赵经理，车间要求买劳保服，我跟夏总汇报了，夏总的意思是给全体员工都配一套工作服。这样也能增强集体凝聚力。"

赵轩:"好啊!要签支票是吗?"

罗雪青:"你说对了。52套工作服,价税合计4 825.60元。"

赵轩:"准备工作做得挺充分啊!稍等,马上就签支票给你。记得及时把发票送回来,要增值税专用发票。"

罗雪青:"知道了!"

中午,罗雪青把购买工作服的发票送交财务室。工作服验收入库。

业务3.10: 12月13日9: 00,财务室。

江若岩:"赵经理,我联系了一个新的原材料供应商,比原来那家要便宜,质量也很好。不过对方要求预付货款。夏总同意了。"

赵轩:"这个没问题。需要预付多少钱?"

江若岩:"5万元,电汇。"

赵轩:"好的,今天上午就汇款。"

业务3.11: 12月14日9: 00,总经理办公室。

赵轩:"夏总,目前我们公司的供产销一切运行顺利,您看是否需要考虑扩大经营范围?"

夏羽飞:"你有什么想法?"

赵轩:"是这样的,我了解了一下,有一个项目很值得投资。如果决定投资的话,我们目前的资金有缺口,是不是考虑从银行贷款?"

夏羽飞:"需要贷多少?多长时间?"

赵轩:"我详细地计算了,贷100万元、6个月就可以。"

夏羽飞:"6个月?如果投资的话,投资期那么短吗?"

赵轩:"不是的。我们的经营一切顺利,6个月后,我们的资金流会有100多万元的积累,足可以还贷了。"

夏羽飞:"好的,就这么办吧,贷款100万元,6个月期。"

当日,赵轩办妥贷款手续,资金到账。借款合同如下:

借款合同

订立合同单位:

大连华枫家具制造有限公司(以下称借款方)

大连银行夏泊支行(以下称贷款方)

为了明确责任,恪守信用,特签订本合同共同信守。

一、贷款种类

担保贷款。

二、借款金额(大写)

人民币壹佰万元整。

三、借款用途

生产经营。

四、借款利率

借款利率为月息千分之5，利随本清。合同期限内不随国家利率调整而调整利率。

五、借款期限

借款时间自 2018 年 12 月 14 日至 2019 年 6 月 13 日止。借款合同签订当天即发放贷款。

六、还款资金来源及还款方式

1. 还款资金来源：生产经营成果。

2. 还款方式：到期一次还本付息。

七、保证条款

借款方请大连浩天设备股份有限公司作为自己的借款保证人，经贷款方审查，证实保证人具有担保资格和足够代偿能力。保证人有权检查和督促借款方履行合同。当借款方不履行合同时，由保证方承担偿还借款本息的连带责任。必要时，贷款方可以从保证方的存款账户内扣收。

八、违约责任

1. 签订本合同后，贷款方应于当日将贷款放出，转入借款方账户。如贷款方未按期发放贷款，依法按违约数额和延期天数的贷款利息的 10% 计算，向借款方偿付违约金。

2. 借款方如不按合同规定的用途使用贷款，贷款方有权收回部分或全部贷款。对违约使用部分，按银行规定加收罚息。借款方如在使用借款中造成物资积压或损失浪费，或进行非法经营，贷款方不负任何责任，并有权按银行规定加收罚息或从借款方存款户中扣收贷款本息。如借款方有意转移并违约使用资金，贷款方有权商请其他开户行代为扣款清偿。

3. 借款方应按合同规定的时间还款。如借款方需要将借款展期，应在到期前 5 日内向银行提出申请，有保证方的，还应由保证方签署同意延长担保期限，经贷款方审查同意后办理展期手续。如借款方不按期偿还借款，贷款方有权限期追回贷款，并按银行规定加收逾期利息。如企业经营不善发生亏损或虚盈实亏，危及贷款安全时，贷款方有权提前收回贷款。

九、其他

除因《借款合同条例》规定允许变更或解除合同的情况外，任何一方当事人不得擅自变更或解除合同。当事人一方依据《借款合同条例》要求变更或解除合同时，应在 30 天内通知另一方当事人，并达成书面协议。本合同变更或解除后，借款方占用的借款和应付的利息仍应按本合同的规定偿付。

业务 3.12：12 月 17 日 9：00，仓库转来产成品验收入库凭证。

业务 3.13：12 月 17 日 9：30，财务室。

江若岩："王会计，13 日预付款方式购买的原材料已经验收入库了，这是对方开具的增值税专用发票，你收好。"

王云："好的，谢谢！"

业务 3.14：12 月 17 日 15：00，财务室。

赵轩："艾佳，你去银行办理 15 000 元的银行汇票，给采购部江若岩购买检测设备。"

张艾佳："好的。"

10：00，张艾佳办妥银行汇票，并交给江若岩。

业务 3.15：12 月 18 日 9：00，财务室。

江若岩："王会计，这是购买生产用检测设备的发票，价税合计 13 920 元。尾款 1 080 元直接转入银行账户了。"

王云："好的。"

由于设备安装还需要一些水泥，所以暂时不能投入使用。

业务 3.16：12 月 18 日 11：00，财务室。

江若岩："王会计，这是从大连艺海装饰材料公司购买辅助材料的增值税发票。仓库已经验收入库。"

王云："好的。"

随后，王云收到了仓库转来的辅助材料验收入库单。

业务 3.17：12 月 19 日 9：00，财务室。

张艾佳："王会计，这是仓库转过来的领料单，你收好。"

王云："好的，谢谢你！"

业务 3.18：12 月 19 日 11：00，财务室。

谭世俊："赵经理，我需要买一点儿水泥，这是对方单位的汇款信息和夏总审批的付款单，麻烦你办理一下。"

赵轩："艾佳，你办理一下汇款。"

张艾佳："好的，我马上网上汇款。谭主任，款已经汇过去了，电子汇款单微信发给您了。"

谭世俊："好的。"

中午，谭世俊把购买水泥的发票送到财务室。水泥直接被车间领用。

业务 3.19：12 月 19 日 13：30，财务室。

马天啸："艾佳，这是我的报销单，还有 110 块钱。"

张艾佳："你出差回来了？稍等……借款 3 000 元，报销差旅费 2 890 元，余款 110 元，正好。稍等给你开个收据。"

马天啸："好的，谢谢！"

业务 3.20：12 月 19 日 16：00，财务室。

张艾佳："王会计，这是今天车间送来的设备安装完毕交付使用的单子。"

王云："好的，谢谢你！"

业务 3.21：12 月 20 日 9：00，总经理办公室。

夏羽飞："赵经理，我们前些日子从银行贷的款还一直没用吧？最近股市不错，我们买点儿股票如何？"

赵轩："夏总，按规定从银行贷的款是不可以随便改变用途的，尤其是用于股票投资。不过，我们账面还有不少自有资金，我倒觉得适当做点儿短期投资很可行。"

夏羽飞："那你就去办吧。先往投资账户存入 10 万元，买点儿业绩好的股票。"

赵轩："好的。"

当天，赵轩到大连连大证券公司办妥了投资手续，并买了10 000股股票。

业务3.22： 12月20日10：00，财务室。

张艾佳："刘涌，我把银行代付电话费的发票拿回来了，一共4 400元。"

刘涌："好的。"

业务3.23： 12月20日10：00，财务室。

张艾佳："刘涌，我把银行代付水费的发票也一并拿回来了，价款900元，税90元。"

刘涌："好的。"

业务3.24： 12月20日10：00，财务室。

张艾佳："刘涌，我把银行代付电费的发票拿回来了。"

刘涌："哦，这个费用需要在车间和厂部之间分配，一会儿我做个费用分配表吧。价税合计28 573.12元，其中车间23 600元，厂部1 032元，进项税额3 941.12元。"

业务3.25： 12月21日10：00，财务室。

曲立立："艾佳，销售给大连国际会议中心2 000张二人桌和2 000张三人桌的增值税发票已经开具好了，价税合计116万元。已经收到80%的货款92.8万元，这是转账支票。另有23.2万元暂时未收到。"

张艾佳："二人桌单价200元，三人桌单价300元，对吗？"

曲立立："对。"

业务3.26： 12月21日11：00，财务室。

王云："艾佳，车间销售边角余料取得1 800元现金收入。这是销售单、发票和钱，你去存银行吧。"

张艾佳："好的。"

业务3.27： 12月21日15：00，财务室。

张艾佳："王会计，我把银行扣收借款利息的回单取回来了，一共是1 166.67元。"

王云："好的。"

业务3.28： 12月21日16：00，财务室。

张艾佳："王会计，我把银行存款利息计算单取回来了，一共是986.30元。"

王云："好的。"

业务3.29： 12月24日9：00，财务室。

罗雪青："艾佳，办公室要订阅下年度报刊杂志，这是征订明细，一共1 320元，你安排付款吧。"

张艾佳："好的，我下午去邮局。"

业务3.30： 12月24日11：00，财务室。

曲立立："艾佳，销售给大连国际会议中心300张二人桌和300张三人桌的增值税专用发票已经开具了，价税合计17.4万元。对方开具30天银行承兑汇票付款，汇票面值17.4万元。"

张艾佳："二人桌单价200元，三人桌单价300元，对吗？"

曲立立："对。"

业务3.31： 12月24日14：00，财务室。

赵轩："艾佳，你到银行提12 000元现金，用于给困难职工发补助。"

张艾佳："好的。"

随后，张艾佳带着支票号为1013的现金支票到银行取现。随后，按王云制作的困难职工补助明细表发放困难补助。

业务3.32：12月25日9：00，财务室。

赵轩："山东宝灵板材厂的材料我们早已收到。按照约定，剩下的款项该支付了。艾佳，你办理一下。"

张艾佳："好的。"

一会儿，张艾佳打印出补付山东宝灵板材厂货款996 577.50元的电汇凭单和电汇手续费10.56元回单。

业务3.33：12月25日10：00，总经理办公室。

夏羽飞："艾佳，我们公司开业一个多月了，应该有了一点儿盈利，也应该对社会做一点贡献，捐希望工程吧。"

张艾佳拿着支票号为5227的转账支票，向希望工程捐款3 000元，取得希望工程开具的收据。

业务3.34：12月25日11：00，财务室。

谭世俊："车间需要买100个零件，每个不含税价10元。我需要申请一张转账支票。"

赵轩："请稍等。给你！"

谭世俊："谢谢！"

中午，谭世俊把购买零件的增值税专用发票送到财务室。同时，仓库把零件验收入库单和领用单一并送给财务室。

业务3.35：12月26日10：00，财务室。

罗雪青："赵经理，销售部要求做一个广告，广告费53 000元，夏总同意了。你看怎么付款合适？"

赵轩："签转账支票付款吧。"

罗雪青："好的。"

赵轩："稍等，马上就给你签发支票。记得早些把发票送来。"

罗雪青："好的。"

中午时分，罗雪青把在大连天地伟业广告传播有限公司做广告的发票送交财务室。

业务3.36：12月27日9：00，仓库转来产成品验收入库单据。

业务3.37：12月27日10：00，财务室。

曲立立："艾佳，这是销售给大连远东公司4 000张二人桌和4 000张三人桌的增值税专用发票，价税合计232万元。已经收到50%的货款116万元，这是转账支票。另有116万元20天后支付。"

张艾佳："二人桌单价200元，三人桌单价300元，对吗？"

曲立立："对。"

业务3.38：12月28日10：00，财务室。

仓库保管员收到大连艺海装饰材料公司支架4 000个，底座4 000个，方钢管2 400米。货已验收入库，发票未到，款未付。

业务3.39：12月28日10：00，财务室。

保管员发现三人桌包装纸箱中100个规格不符，已办妥退货手续，取得对方开具的红字专用发票和对方退还的货款。

业务3.40：12月31日9：00，银行营业大厅。

张艾佳："请问，现在的银行承兑汇票贴现率是多少？"

柜员："年贴现率是6%。"

张艾佳："好的，我这张银行承兑汇票要贴现。"

柜员："请稍等……贴现息667元。钱已转入公司账户。"

张艾佳："好的，谢谢你！"

【工作任务】

任务1：会计手工相关账务处理

要求学生在规定的时间内，为模拟企业经济业务编制会计分录，登记日记账，试算平衡，并登记分类账、总账。

1.熟练判断经济业务，认知各种原始凭证，并能够判断凭证要素是否完整。

2.能根据业务描述作出正确的职业判断，并进行相应账务处理。

3.熟悉购销业务的具体控制流程，理解存货的管理方法。

4.掌握人工费用所包含的内容，熟悉工资、公积金和社保资金的计算、缴纳和核算方法。

5.掌握企业的融资、投资渠道的选择方法，并能进行相应账务处理。

任务2：会计软件相应账务处理

在规定的时间内，完成账套的恢复工作。根据资料，将企业发生的经济业务录入总账系统。根据需要设置账簿，并完成记账工作。根据教师要求，完成反结账训练。

1.能熟练进行凭证的增加、修改、审核及查询功能。会定义常用凭证，并能熟练调用。

2.能熟练运用财务软件登记总账、明细账、日记账等。会使用反结账功能。

3.会查询库存现金日记账、银行存款日记账和资金日报。

4.能熟练使用"支票登记簿"和"银行对账"功能。

5.能熟练查询总账、明细账、余额表。会根据需要自定义多栏账。

【操作指导】

业务3.1：收入存货核算——产品完工入库

1.在"库存管理"模块中，填制并审核产成品入库单。

2.手工操作：会计刘涌根据审核无误的产成品入库单登记"库存商品"明细账。

根据企业内部会计制度的规定，产成品按实际成本进行核算，完工产成品成本采用品种法计算。由此，本业务只需根据产成品入库单在"库存商品"明细账中登记入库产品数量，待月末再计算并结转本月完工入库产成品的成本。

业务3.2：发出存货核算——生产领用原材料

1.手工操作：郑旭飞填写领料单。

2.在"库存管理"模块中，填制并审核材料出库单。

3.在"存货核算"模块中，进行记账并生成记账凭证。

4.手工操作：会计刘涌根据审核无误的领料单、出库单登记"库存商品"明细账。

业务3.3：发放职工工资会计核算

1.手工操作：出纳张艾佳根据工资计算表，填制申请支付本月工资，并报会计主管、公司主管领导审批签字。经审批同意后，出纳据此填写现金支票支付工资，报会计主管、公司主管领导审批。

2.手工操作：出纳张艾佳填写银行规定格式的代发工资结算表，根据经过审批的工资结算表和经审批支票支付申请书，签发现金支票，连同代发工资结算表送公司开户银行，通过银行代发职工工资，将工资转入职工个人工资账户，并登记支票登记簿。

3.手工操作：会计主管王云审核现金支票存根。

4.在"总账"模块中，填制记账凭证。

5.手工操作：出纳张艾佳根据审核无误的记账凭证及其所附的现金支票存根，登记银行存款日记账。

业务3.4：缴纳上月未缴税款（银行代缴税款）会计核算

1.手工操作：会计刘涌根据应交税费明细账，网上申报并缴纳11月份的税金，生成并打印个人所得税和印花税的税收缴款书，出纳张艾佳到开户银行取回电子缴税付款凭证。

2.手工操作：会计主管王云审核电子缴税付款凭证。

3.在"总账"模块中，填制记账凭证。

4.手工操作：出纳张艾佳根据审核无误的记账凭证及其所附的缴款单，登记银行存款日记账。

业务3.5：缴纳公积金（转账支票支付）会计核算

1.手工操作：会计刘涌根据应交公积金明细账，缴纳11月份的住房公积金，出纳张艾佳到开户银行取回电子缴纳公积金付款凭证。

2.手工操作：会计主管王云审核电子缴纳公积金付款凭证。

3.在"总账"模块中，填制记账凭证。

4.手工操作：出纳张艾佳根据审核无误的记账凭证及其所附的缴款单，登记银行存款日记账。

业务3.6：缴纳社保（银行代缴社保）会计核算

1.手工操作：会计刘涌根据应交社保明细账，缴纳11月份的社会保险费，出纳张艾佳到开户银行取回电子缴纳社保付款凭证。

2.手工操作：会计主管王云审核电子缴纳社保付款凭证。

3.在"总账"模块中，填制记账凭证。

4.手工操作：出纳张艾佳根据审核无误的记账凭证及其所附的缴款单，登记银行存款日记账。

业务3.7：现销业务（发货、开发票、收到转账支票）核算——销售二人桌和三人桌

1.手工操作：销售员与大连金沙滩会展有限公司签订合同。

2.在"销售管理"模块中，填制并审核销售订单。

3.在"销售管理"模块中，填制并审核发货单。

4.在"库存管理"模块中，审核销售出库单。

5.手工操作：出纳张艾佳收到销售部门交来的转账支票，登记银行收款结算凭证登记簿，并进行转账支票背书，填写一式三联进账单，将收到的转账支票连同进账单送到银行办理进账手续。

6.手工操作：会计主管王云审核增值税专用发票、进账单收账通知联、产成品出库单。

7.在"销售管理"模块中，根据发货单生成销售专用发票并执行现结。

8.在"应收款管理"模块中，审核应收单并生成销售收入凭证。

9.在"存货核算"模块中，对销售出库单记账。

10.手工操作：出纳张艾佳根据审核无误的记账凭证及其所附的缴款单，登记银行存款日记账。

11.手工操作：会计刘涌根据审核无误的发货单、出库单登记"库存商品"明细账。

业务3.8：借款业务办理及会计核算——出差借款

1.手工操作：会计主管王云审核出差费用的报销单及所附的有关票据。

2.出纳张艾佳根据审核无误的出差费用报销有关票据和经过审批的支票付款申请书，通过网上银行电汇支付出差费用。

3.手工操作：会计主管王云审核电汇相关单据。

4.在"总账"模块中，填制记账凭证。

5.手工操作：出纳张艾佳根据审核无误的记账凭证，登记银行存款日记账。

业务3.9：报销费用（现金支票支付）会计核算——购置工作服

1.手工操作：会计主管王云审核发票和低值易耗品验收单。

2.手工操作：出纳张艾佳根据审核无误的发票、低值易耗品验收单和经过审批的支票付款申请书，签发现金支票，登记支票登记簿。

3.手工操作：会计主管王云审核现金支票存根。

4.在"总账"模块中，填制记账凭证。

5.手工操作：出纳张艾佳根据审核无误的记账凭证及其所附的现金支票存根，登记银行存款日记账。

业务3.10：采购业务核算——预付货款

1.手工操作：采购员与山东宝灵板材厂签订合同。

2.在"采购管理"模块中，填制并审核采购订单。

3.出纳张艾佳根据审批的电汇付款申请书，登录网上银行提交付款单。

4.在"应付款管理"模块中，填制、审核付款单并生成记账凭证。

5.手工操作：出纳张艾佳根据审核无误的记账凭证及其所附的电汇单，登记银行存款日记账。

业务3.11：银行借款业务办理及会计核算

1.手工操作：会计主管王云填写借款申请书并到公司总经理处审批，起草贷款合同后再次经公司领导审批。

2.手工操作：出纳张艾佳持借款申请书及相关资料到银行办理借款手续，同时根据借款借据登记借款备查簿，将贷款合同交由会计主管赵轩保管。

3.手工操作：会计主管审核借款借据。

4.在"总账"模块中，填制记账凭证。

5.手工操作：出纳张艾佳根据审核无误的记账凭证及其所附的借款借据，登记银行存款日记账。

业务3.12：收入存货核算——产品完工入库

1.在"库存管理"模块中，填制并审核产成品入库单。

2.手工操作：会计刘涌根据审核无误的产成品入库单登记"库存商品"明细账。

业务3.13：赊购业务（单货同到，预付货款，发生运杂费）核算——采购原材料并验收入库

1.在"采购管理"模块中，根据发票填制材料入库单中的实际成本，填制并审核采购到货单。

2.在"库存管理"模块中，生成并审核入库单。

3.在"采购管理"模块中，编制采购发票并结算。

4.在"存货核算"模块中，进行单据记账。

5.在"应付款管理"模块中，审核应付单，预付冲应付、核销，合并制单。

6.手工操作：会计刘涌根据审核无误的材料入库单登记"原材料"明细账。

业务3.14：申请银行汇票——支付设备款

1.手工操作：出纳张艾佳依据审批的设备采购申请单填写银行汇票申请书办理银行汇票，登记银行付款结算凭证登记簿。

2.手工操作：会计主管审核银行汇票申请书的回单。

3.在"总账"模块中，填制记账凭证。

4.手工操作：出纳张艾佳根据审核无误的记账凭证及其所附的银行汇票回单，登记银行存款日记账。

业务3.15：固定资产（未安装，银行汇票支付，退回多余款）采购核算——购置检测设备

1.手工操作：会计主管王云审核发票和银行汇票第四联多余款收账通知。

2.手工操作：出纳张艾佳根据银行汇票多余款收账通知，登记银行付款结算凭证登记簿。

3.在"应付款管理"模块中，填制并审核应付单并生成记账凭证。

4.在"总账"模块中，填制记账凭证。

5.手工操作：出纳张艾佳根据审核无误的记账凭证及其所附的银行汇票多余款收账通知，登记银行存款日记账。

业务3.16：现购业务（单货同到，转账支票付款）核算——采购原材料并验收入库

1.手工操作：采购员与大连艺海装饰材料公司签订合同。

2.在"采购管理"模块中，填制并审核采购订单。

3.在"采购管理"模块中，根据发票填制材料入库单中的实际成本，生成并审核采购到货单。

4.在"库存管理"模块中，生成并审核入库单。

5.手工操作：出纳张艾佳根据审核无误的发票、材料入库单和经过审批的支票付款申请书，签发转账支票支付货款，登记支票登记簿。

6.手工操作：会计主管赵轩审核转账支票存根。

7.在"采购管理"模块中，编制采购发票并结算。

8.在"存货核算"模块中，进行单据记账。

9.在"应付款管理"模块中，审核发票并生成记账凭证。

10.手工操作：出纳张艾佳根据审核无误的记账凭证及其所附的转账支票存根，登记银行存款日记账。

11.手工操作：会计刘涌根据审核无误的材料入库单登记"原材料"明细账。

业务3.17：发出存货核算——生产领用原材料

1.手工操作：郑旭飞填写领料单。

2.在"库存管理"模块中，填制并审核材料出库单。

3.在"存货核算"模块中，进行记账并生成记账凭证。

4.手工操作：会计刘涌根据审核无误的领料单、出库单登记"原材料"明细账。

业务3.18：工程物资（转账支票支付）采购核算——购置水泥

1.手工操作：会计主管王云审核发票。

2.手工操作：出纳张艾佳根据审核无误的发票和经过审批的支票付款申请书，签发转账支票，登记支票登记簿。

3.手工操作：会计主管王云审核转账支票存根。

4.在"应付款管理"模块中，填制并审核应付单并生成记账凭证。

5.手工操作：出纳张艾佳根据审核无误的记账凭证及其所附的转账支票存根，登记银行存款日记账。

业务3.19：报销差旅费（冲销借款）业务核算

1.手工操作：会计主管王云审核差旅费报销单及所附的有关差旅费票据。

2.手工操作：出纳张艾佳根据审核后的差旅费报销单及所附的有关差旅费票据，办理差旅费报销业务。

3.手工操作：会计主管王云审核收回多余出差借款的收据。

4.在"总账"模块中，填制记账凭证。

5.手工操作：出纳张艾佳根据审核无误的记账凭证，登记库存现金日记账。

业务3.20：固定资产安装核算——安装检测设备

1.手工操作：会计主管王云审核固定资产验收单。

2.在"固定资产"模块中，录入新增固定资产卡片并生成凭证。

业务3.21：**交易性金融资产业务核算——购买股票**

1.手工操作：会计主管王云依据审批的股票投资申请单填写付款申请书，并到公司总经理处审批。

2.手工操作：出纳张艾佳持付款申请书及相关资料到银行办理手续，同时根据付款单登记银行存款日记账，将股票开户的相关资料交由会计主管赵轩保管。

3.手工操作：会计主管王云审核付款。

4.在"总账"模块中，填制记账凭证。

业务3.22：**支付电话费业务核算**

1.手工操作：会计主管王云审核发票。

2.手工操作：出纳张艾佳根据审核无误的发票和经过审批的电汇付款申请书，登录网上银行提交付款单。

3.手工操作：会计主管王云审核网上银行电汇付款单。

4.在"总账"模块中，填制记账凭证。

5.手工操作：出纳张艾佳根据审核无误的记账凭证及其所附的缴款单，登记银行存款日记账。

业务3.23：**支付水费业务核算**

1.手工操作：会计主管王云审核发票。

2.手工操作：出纳张艾佳根据审核无误的发票和经过审批的电汇付款申请书，登录网上银行提交付款单。

3.手工操作：会计主管王云审核网上银行电汇付款单。

4.在"总账"模块中，填制记账凭证。

5.手工操作：出纳张艾佳根据审核无误的记账凭证及其所附的缴款单，登记银行存款日记账。

业务3.24：**支付并分摊电费业务核算**

1.手工操作：会计主管王云审核发票。

2.手工操作：出纳张艾佳根据审核无误的发票和经过审批的电汇付款申请书，登录网上银行提交付款单。

3.手工操作：会计主管王云审核网上银行电汇付款单。

4.在"总账"模块中，填制记账凭证。

5.手工操作：出纳张艾佳根据审核无误的记账凭证及其所附的缴款单，登记银行存款日记账。

> 注意：某部门电费的分配额=该部门的用电量×电单价（不含增值税）

应将生产产品耗用的电费计入生产成本明细账中的"制造费用"成本项目。

增值税是价外税，支付的增值税不能计入各部门负担的电费中。

业务3.25：**现销业务（发货、开发票、收到部分货款）核算——销售二人桌和三人桌**

1.手工操作：销售员与大连国际会议中心签订合同。

2.在"销售管理"模块中，填制并审核销售订单。

3.在"销售管理"模块中，填制并审核发货单。

4. 在"库存管理"模块中，审核销售出库单。

5. 手工操作：出纳张艾佳收到销售部门交来的转账支票，登记银行收款结算凭证登记簿，并进行转账支票背书，填写一式三联进账单，将收到的转账支票连同进账单送到银行办理进账手续。

6. 手工操作：会计主管王云审核增值税专用发票、进账单收账通知联、产成品出库单。

7. 在"销售管理"模块中，根据发货单生成销售专用发票并执行现结。

8. 在"应收款管理"模块中，审核应收单并生成销售收入凭证。

9. 在"存货核算"模块中，对销售出库单记账。

10. 手工操作：出纳张艾佳根据审核无误的记账凭证及其所附的单据，登记银行存款日记账。

11. 手工操作：会计刘涌根据审核无误的发货单、出库单登记"库存商品"明细账。

业务 3.26：销售边角料核算

1. 手工操作：会计主管王云审核边角料销售表。

2. 手工操作：销售员根据审核后的边角料销售表和经审批的发票申请开具发票。

3. 手工操作：出纳收妥边角料出售的现金后，在发票上加盖"现金收讫"章。

4. 手工操作：会计主管王云审核发票。

5. 在"总账"模块中，填制记账凭证。

> 注意：销售"边角料"取得的收入属于"其他业务收入"。

6. 手工操作：出纳张艾佳根据审核无误的记账凭证，登记库存现金日记账。

业务 3.27：支付银行借款利息

1. 手工操作：出纳张艾佳接到借款利息扣缴通知，到开户银行取回借款利息支出电子扣款凭证。

2. 手工操作：会计主管王云审核电子扣款凭证。

3. 在"总账"模块中，填制记账凭证。

4. 手工操作：出纳张艾佳根据审核无误的记账凭证及其所附的电子回单，登记银行存款日记账。

业务 3.28：收到银行利息

1. 手工操作：出纳张艾佳接到第四季度利息到账通知，到开户银行取回利息收入电子回单凭证。

2. 手工操作：会计主管王云审核电子回单凭证。

3. 在"总账"模块中，填制记账凭证。

4. 手工操作：出纳张艾佳根据审核无误的记账凭证及其所附的电子回单，登记银行存款日记账。

> 注意：收到银行存款利息，即银行存款增加，银行存款是资产类科目，资产增加记入借方；利息支出和银行手续费等属于财务费用。收到银行存款利息时冲减财务费用，费用减少，记入贷方。

实际做账时的会计凭证：

借：银行存款

借：财务费用——利息收入（红字）（这里指冲减财务费用，所以用红字）

业务3.29：支付报刊费

1.手工操作：会计主管王云审核发票。

2.手工操作：出纳张艾佳根据审核无误的发票和经过审批的支票付款申请书，签发转账支票，登记支票登记簿。

3.手工操作：会计主管王云审核转账支票存根。

4.在"总账"模块中，填制记账凭证。

5.手工操作：出纳张艾佳根据审核无误的记账凭证及其所附的转账支票存根，登记银行存款日记账。

业务3.30：现销业务（发货、开发票、收到银行承兑汇票）核算——销售二人桌和三人桌

1.手工操作：销售员与大连国际会议中心签订合同。

2.在"销售管理"模块中，填制并审核销售订单。

3.在"销售管理"模块中，填制并审核发货单。

4.在"库存管理"模块中，审核销售出库单。

5.手工操作：出纳张艾佳收到销售部门交来的银行承兑汇票，登记银行承兑汇票登记簿。

6.手工操作：会计主管王云审核增值税专用发票和产成品出库单。

7.在"销售管理"模块中，根据发货单生成销售专用发票。

8.在"应收款管理"模块中，录入商业汇票、审核应收单和生成销售收入凭证。

9.在"存货核算"模块中，对销售出库单记账。

10.手工操作：会计刘涌根据审核无误的发货单、出库单登记"库存商品"明细账。

业务3.31：职工福利费核算——支付职工困难补助

1.手工操作：会计主管王云审核发票和职工困难补助发放表。

2.手工操作：出纳张艾佳根据审核无误的发票、职工困难补助发放表和经过审批的支票付款申请书，签发现金支票，登记支票登记簿。

3.手工操作：会计主管王云审核现金支票存根。

4.在"总账"模块中，填制记账凭证。

5.手工操作：出纳张艾佳根据审核无误的记账凭证及其所附的现金支票存根，登记银行存款日记账。

业务3.32：支付采购尾款（电汇）核算

1.手工操作：会计主管王云审核付款申请书。

2.手工操作：出纳张艾佳根据审批的电汇付款申请书，登录网上银行提交付款单。

3.在"应付款管理"模块中，填制、审核付款单并生成记账凭证（手续费可以在这个凭证直接插分）。

4.手工操作：出纳张艾佳根据审核无误的记账凭证及其所附的电汇单，登记银行存款日记账。

业务3.33：对外捐款业务核算——向希望工程捐款

1.手工操作：会计主管王云审核付款申请书和捐款发票。

2.手工操作：出纳张艾佳根据审核无误的捐款发票和经过审批的支票付款申请书，签发转账支票支付捐款，登记支票登记簿。

3.手工操作：会计主管王云审核转账支票存根。

4.在"总账"模块中，填制记账凭证。

5.手工操作：出纳张艾佳根据审核无误的记账凭证及其所附的转账支票存根，登记银行存款日记账。

业务3.34：生产用零件（单货同到，转账支票支付）采购核算——购置生产用零件并领用

1.手工操作：会计主管王云审核发票。

2.手工操作：出纳张艾佳根据审核无误的发票和经过审批的支票付款申请书，签发转账支票，登记支票登记簿。

3.手工操作：会计主管王云审核转账支票存根。

4.在"总账"模块中，填制两张记账凭证。

5.手工操作：出纳张艾佳根据审核无误的记账凭证及其所附的转账支票存根，登记银行存款日记账。

业务3.35：支付广告费核算

1.手工操作：会计主管王云审核付款申请书和广告费发票。

2.手工操作：出纳张艾佳根据广告费发票和经过审批的支票付款申请书，签发转账支票支付广告费，登记支票登记簿。

3.手工操作：会计主管王云审核转账支票存根。

4.在"总账"模块中，填制记账凭证。

5.手工操作：出纳张艾佳根据审核无误的记账凭证及其所附的转账支票存根，登记银行存款日记账。

业务3.36：收入存货核算——产品完工入库

1.在"库存管理"模块中，填制并审核产成品入库单。

2.手工操作：会计刘涌根据审核无误的产成品入库单登记"库存商品"明细账。

业务3.37：分期收款销售业务核算——销售二人桌和三人桌（分期收款销售）

1.手工操作：销售员与大连远东公司签订合同。

2.在"销售管理"模块中，填制并审核"分期收款"类型的销售订单。

3.在"销售管理"模块中，填制并审核发货单。

4.在"库存管理"模块中，审核销售出库单。

5.手工操作：出纳张艾佳收到销售部门交来的银行承兑汇票，登记银行承兑汇票登记簿。

6.手工操作：会计主管王云审核增值税专用发票和产成品出库单。

7.在"销售管理"模块中，根据发货单生成销售专用发票并执行现结。

8.在"应收款管理"模块中，审核应收单并生成销售收入凭证。

9.在"存货核算"模块中，进行发出商品记账。

10.手工操作：会计刘涌根据审核无误的发货单、出库单登记"库存商品"明细账。

业务3.38：收到原材料并验收入库

1.在"库存管理"模块中，生成并审核入库单。

2.手工操作：会计刘涌根据审核无误的原材料入库单登记"原材料"明细账的数量，金额待月底录入。

业务3.39：采购退货业务核算——收到退货款

1.手工操作：会计主管王云审核采购退货发票和银行收款回单。

2.在"应付款管理"模块中，切换为编制收款单并审核，然后生成记账凭证。

3.手工操作：出纳张艾佳根据审核无误的记账凭证及其所附的单据，登记银行存款日记账。

4.手工操作：会计刘涌根据审核无误的退货发票等登记"原材料"明细账。

业务3.40：商业汇票贴现业务核算

1.手工操作：出纳张艾佳填写贴现凭证，持此贴现凭证和大连国际会议中心开出的未到期商业承兑汇票到银行办理贴现事宜。银行审核贴现凭证和商业承兑汇票无误后，填写贴现凭证中的贴现率、贴现利息和贴现金额。办妥贴现后，根据银行所给的贴现凭证收账通知登记应收票据备查簿。

2.手工操作：会计主管审核贴现凭证收账通知。

3.在"应收款管理"模块中，进行票据处理并生成记账凭证。

4.手工操作：出纳张艾佳根据审核无误的记账凭证及其所附的单据，登记银行存款日记账。

【成果展示】

展示业务3.1至业务3.40手工方式编制的记账凭证及所附原始凭证、登记的日记账和明细账。

输出业务3.1至业务3.40电算化方式填制的记账凭证文件（Excel格式）并进行展示。

【学习评价】

学习评价表见表3-1。

表3-1 　　　　　　　　　　　　学习评价表

项　目		个人评价	小组评价	教师评价	得分
专业技能	工作任务完成情况　　　　（30分）				
	工作质量　　　　　　　　（20分）				
	工作效率　　　　　　　　（10分）				
职业素养	组织纪律　　　　　　　　（20分）				
	协同情况　　　　　　　　（10分）				
	工作态度　　　　　　　　（10分）				
总评成绩（总分×本单元占本门课程的比重）					

第四单元　期末会计事项处理

通过本单元的学习，应做到：能分清会计期末的账项调整有哪几种类型，能明确每种类型可能会涉及哪些经济业务；会编制常用会计报表；能进行简单的财务分析；能编制纳税申报表。

【学习情境】

12月31日上午10点，全体财务人员在财务经理赵轩的办公室内，召开会议。

赵轩："大家好，今天是2018年的最后一天，从现在开始，我们就要进入紧张的年终结账及汇算清缴阶段，希望大家要抓紧时间，不要影响后面的工作。张艾佳，你的工作进展怎么样了，有问题吗？"

张艾佳："日记账已经登记完毕，银行对账单还要等下午下班之前才能拿到。"

赵轩："嗯，一会儿，我和王云去清点一下你的现金库，你准备一下。"

张艾佳："好的。"

赵轩："刘涌，你有什么困难？需要我帮忙吗？"

刘涌："你上次安排我准备的财产清查单据已经准备齐全，你看还需要补充什么内容吗？"

赵轩："好，一会儿送过来。我已经通知各部门让他们做好财产清查的准备工作，从明天开始，我们要进行财产实地盘点，我们分一下工吧。"

业务4.1：12月31日10：20，财务部办公室。

王清清："刘会计，你好，这是月末收到的材料入库单，其中支架4 000个，底座4 000个，方钢管2 400米。"

刘涌："你好，我看一下。噢，这批材料未收到发票，货款也未付，交给王会计处理吧。"

王清清："王会计，这个单据给你？"

王云："好的。"

王云接过单据，做了暂估入库。

业务4.2：月末，王云根据固定资产的用途、预计使用年限、预计净残值率编制固定资产折旧计算表计提本月折旧。

业务4.3：月末，王云收到人力资源部发来的本月职工工资计算表，编制工资计算表。

业务4.4：编制本月无形资产摊销计算表。

业务4.5：计提本月21日至31日的借款利息。

业务4.6：按会计准则规定一次摊销开办费。

业务4.7：按材料成本分配本月制造费用。

业务4.8：完工产品入库：二人桌7 500张、三人桌7 500张；结转完工产品入库成本，编制完工产品成本计算单。

业务4.9：结转本月销售产品生产成本。

业务4.10：期末按应收款项余额的0.5%计提坏账准备。

业务4.11：按规定组织各部门进行财产清查。经查，发现二人桌包装纸箱短缺两个，是由仓库管理员刘天娇保存不当造成的。

业务4.12：核对库存现金、银行存款账，编制银行余额调节表。

业务4.13：结转税金。

业务4.14：期末结转本期损益，计算本年实现的利润总额，按25%计提企业所得税并结转。

业务4.15：按10%提取法定盈余公积。

业务4.16：结转利润分配账户余额，将本年利润转入未分配利润。

业务4.17：年终结账。

业务4.18：编制会计报表。

业务4.19：进行综合财务指标分析。

业务4.20：纳税申报。

【工作任务】

分别采用会计手工及会计软件方式完成下来工作：

1.确定在期末调整业务之前的所有业务均已登记入账。

2.处理暂估入账业务。

3.财产清查的账务处理。

4.期末资产减值处理。

5.熟知期末账项调整的内容。

6.按受益期间分摊费用；按受益期间确认收入；预提利息费用；确认预计收入。

7.期末损益的结转。

8.年终所得税的计算。

9.利润分配的处理。

10.编制科目余额表。

11.编制资产负债表。

12.编制利润表。

13.编制现金流量表。

14.编制所有者权益变动表。

15.进行财务指标的综合分析。

16.填制增值税纳税申报表主表及附表。

17.填制个人所得税纳税申报表。

18.填制税务综合申报表。

19.填制企业所得税申报表（季报、年报）。

【操作指导】

业务4.1：暂估入库原材料核算

1.在"存货核算"模块中，进行结算成本处理并生成凭证。

2.手工操作：会计刘涌根据审核无误的原材料入库单登记"原材料"明细账的金额。

业务4.2：固定资产折旧费核算——计提固定资产折旧

在"固定资产"模块中，计提固定资产折旧并生成凭证。

按照本企业财务制度的规定，固定资产折旧采用年限平均法计提，根据固定资产卡片中的固定资产原值计算折旧额，其计算公式为：

某固定资产月折旧额＝某固定资产原值×某固定资产月折旧率

或：某固定资产月折旧额＝某固定资产原值×（1－预计净残值率）÷预计可使用月份数

业务4.3：职工工资核算——计提工资、社保、公积金等

1.手工操作：出纳张艾佳根据考勤表、职工工资卡、有关部门的扣款通知单等编制工资结算表。

2.手工操作：计算和填列代扣款项。

3.手工操作：计算和填列实发工资。

4.手工操作：工资结算表编制好后，交人力资源部负责人、会计主管审核签字。

5.手工操作：会计刘涌根据审核无误的工资结算表，编制工资结算汇总表。

6.手工操作：会计主管王云审核工资结算汇总表。

7.手工操作：会计刘涌根据审核无误的工资结算汇总表编制工资费用分配表。

8.手工操作：会计主管王云审核工资费用分配表。

9.在"总账"模块中，填制记账凭证。

业务4.4：无形资产摊销核算——财务软件费用摊销

1.手工操作：会计刘涌编制无形资产摊销计算表。

2.在"总账"模块中，填制记账凭证。

业务4.5：银行借款利息核算——计提本月22～31日应负担的借款利息

1.手工操作：会计刘涌编制借款利息计算表。

2.手工操作：会计主管王云审核借款利息计算表。

3.在"总账"模块中，填制记账凭证。

按照本企业与银行签订的借款合同计算长期借款利息，其计算公式为：

应计提的利息＝长期借款本金×借款年利率÷12

业务4.6：摊销开办费——一次摊销开办费

1.手工操作：会计刘涌统计汇总开办费。

2.手工操作：会计主管王云审核开办费明细。

3.在"总账"模块中，填制记账凭证。

业务4.7：分配制造费用核算

1.手工操作：会计刘涌根据制造费用明细账等编制制造费用分配表。

　　按照本企业会计制度的规定，制造费用按耗用原材料比例进行分配，因此，二人桌和三人桌的制造费用分配比例为 2∶3。

　　制造费用分配表的编制步骤是：

　　（1）根据制造费用明细账当前的借方余额数，确定本月应分配的制造费用，并将其填列到表中的"分配金额"列的合计行。

　　（2）根据车间生产耗用原材料统计表，将各产品的实际耗用原材料填列到表中的"分配标准"列。

　　（3）按实际生产耗用原材料比例分配的方法，计算制造费用的分配率及各产品应负担的制造费用分配额。

　　　　制造费用分配率＝制造费用总额÷产品实际（或定额）生产总耗用原材料

　某种产品应分配的制造费用 ＝该种产品实际（或定额）生产耗用原材料×制造费用分配率

> 注意：编制制造费用分配表，可以利用 Excel 制造费用分配表进行计算。

　　登记生产成本明细账时应注意：

　　分配的制造费用应计入相应产品生产成本明细账中"制造费用"成本项目中。

　　登记制造费用明细账时应注意：

　　制造费用分配后，月末无余额，因此，在借或贷栏填写"平"字，并在余额栏填写"0"。由于制造费用明细账采用的是多栏式明细账，分配制造费用时，"制造费用"账户发生的为贷方发生额，因此在登记"借方金额分析"栏各费用项目栏金额时，应用红字登记，表示与借方相反方向的贷方金额，反映对借方金额的结转。

　　2.手工操作：会计主管王云审核制造费用分配表。

　　3.在"总账"模块中，填制记账凭证。

　　业务 4.8：计算并结转本月完工产品成本

　　1.手工操作：会计刘涌根据基本生产成本明细账、月末在产品盘存表、产成品入库单，编制完工产品分配表。

　　按照本企业财务制度的规定，产品成本采用品种法计算，月末，编制完工产品成本分配表。

　　某产品的完工产品成本分配表的编制方法是：

　　（1）结转本月完工产品成本之前，应先结出并登记各产品基本生产成本明细账的生产费用合计数。

　　（2）根据某产品基本生产成本明细账的期初余额和当前各成本项目本月发生额、生产费用合计数计算某产品生产的总成本。

　　（3）根据产成品入库单填列"完工产品产量"。

　　（4）根据计算确定的单位成本，计算某产品的完工产品成本。

　　　　完工产品某成本项目成本＝单位产品该项目单位成本×完工产品产量

　　2.手工操作：会计主管王云审核各产品完工产品成本分配表。

　　3.在"库存管理"模块中，修改本月产成品入库单的产成品价格并审核。

　　4.在"存货核算"模块中，进行正常单据记账并生成结转产成品成本的凭证。

业务4.9：计算并结转本月已销产品成本

1.手工操作：会计刘涌根据库存商品明细账的记录，采用全月一次加权平均法，在库存商品明细账中计算并登记发出产品加权平均单价。

全月一次加权平均法也叫加权平均法，是指以本月收入全部存货数量加月初存货数量作为权数，去除本月收入全部存货成本加月初存货成本的和，计算出存货的加权平均单位成本，从而确定存货的发出成本和库存成本的方法。

发出产品加权平均单价的计算步骤是：

（1）在各产品库存商品明细账的"本月合计"行，计算并登记贷方发出产品数量合计数。

（2）在各产品库存商品明细账中，计算和登记某发出产品的加权平均单价、发出产品成本、月末结存产品成本及单价。

$$\frac{某种发出产品}{加权平均单价}=\frac{月初结存产品实际成本+本月收入产品实际成本}{月初结存产品数量+本月收入产品数量}$$

$$月末结存产品实际成本=月末库存产品数量×加权平均单价$$
$$本月发出产品实际成本=本月发出产品数量×加权平均单价$$

或　　　$$=月初结存产品实际成本+本月收入产品实际成本-月末结存产品实际成本$$

2.手工操作：会计刘涌根据审核无误的产成品出库单填制产品出库汇总表。

3.手工操作：会计主管王云审核产品出库汇总表。

4.手工操作：会计刘涌根据库存商品明细账、产成品出库单和产品出库汇总表编制发出产品成本计算表。

5.手工操作：会计主管王云审核发出产品成本计算表。

6.在"采购管理"模块中，进行结账。

7.在"销售管理"模块中，进行结账。

8.在"库存管理"模块中，进行结账。

9.在"存货核算"模块中，进行期末处理并编制发出产品成本凭证和结转已销产品成本的凭证。

10.手工操作：会计刘涌根据审核无误的相关凭证登记"原材料"明细账的金额。

业务4.10：应收款项减值核算——计提坏账准备

1.手工操作：会计刘涌对应收账款状况进行分析并编制坏账准备计提表。

按照本企业会计政策，应收账款采用余额百分比法计提坏账准备，计提比率为5‰，其计算公式为：

$$应计提的坏账准备=应收账款余额×5‰$$

提取坏账准备时还应考虑提取坏账前"坏账准备"账户的余额。

应计提的坏账准备=提取坏账前"坏账准备"账户余额+本次应计提坏账准备金额

2.手工操作：会计主管王云审核坏账准备计提表并报单位负责人批准。

3.在"应收款管理"模块中，编制计提坏账准备的凭证。

业务4.11：财产清查业务核算

1.手工操作：库管员刘天娇和会计刘涌月底进行财产清查。

2.手工操作：会计刘涌填写财产清查报告单中盘亏的数量和金额。会计刘涌根据盘亏原材料的明细账确定盘亏原材料当前的移动加权平均单价，按照盘亏的数量与当前的移动加权平均单价确定盘亏原材料的实际成本。

盘亏原材料的实际成本=盘亏数量×当前该材料的移动加权平均单价

3.手工操作：会计主管王云审核财产清查报告单及处理意见。

4.在"库存管理"系统中，增加盘点单。

5.在"库存管理"系统中，对盘点单生成的其他出库单审核。

6.在"存货核算"系统中，对其他出库单记账并生成凭证。

7.手工操作：会计刘涌根据审核无误的相关单据登记相关明细账。

业务4.12：对账

1.手工操作：会计刘涌和出纳张艾佳通过盘点库存现金，填写库存现金盘点表，然后再将盘点表同库存现金日记账进行比较，编制库存现金盘存报告单。

2.手工操作：出纳张艾佳到银行取得银行对账单。

3.在"总账"的期末系统中，进行银行对账。

（1）使用出纳管理系统，如果是首次使用银行对账功能，为保持银行对账信息的连续性，应首先将系统启用前的银行存款日记账和银行对账单的期初数据录入计算机。

（2）录入银行对账单。月末对账前，必须将银行开出的银行对账单输入系统，存入"银行对账单文件"。

（3）对账。

①自动对账。自动对账是指由计算机自动进行银行对账。计算机将单位银行存款日记账未达账项与银行对账单按规定的"对账依据"进行自动核对。当银行对账单中一条业务记录和单位日记账中一条记录符合上述条件时，系统才能实现自动核销已达账项。

②手工对账。手工对账是对自动对账的补充。进行自动对账后，可能还有一些特殊的已达账项未钩对，而被视作未达账项，这时可通过手工对账进行钩对。

4.在"总账"的出纳管理系统中，输出银行存款余额调节表。

5.会计主管王云审核银行存款余额调节表。

业务4.13：应交税费核算——计算本期各种应交税费

1.手工操作：会计刘涌编制各种应交税费计算表。

（1）根据税法有关规定及本企业会计制度的有关规定，计算确定本月应交增值税，编制应交城市维护建设税及教育费附加等计算表。

城市维护建设税应纳税额=（应纳增值税税额+应纳消费税税额）×税率

教育费附加应纳额=（应纳增值税税额+应纳消费税税额）×费率

地方教育附加应纳额=（应纳增值税税额+应纳消费税税额）×费率

（2）根据税法及本企业会计制度的有关规定及总账和明细账资料，编制印花税计算表。根据税法的有关规定，签订购销合同要缴纳印花税，印花税应按购销金额的0.3‰贴花。

2.手工操作：会计主管王云审核各种应交税费计算表。

3.在"总账"模块中，填制记账凭证。

业务4.14：利润核算——计算并结转企业所得税

1.在"总账"|"期末"|"转账定义"中，采用"期间损益"方式，设置凭证类型、本年利润科目为4103。

2.在"总账"|"期末"|"转账生成"中，采用"期间损益结转"方式，根据收入、支出类型进行结转处理，生成期间损益结转的记账凭证。

3.会计主管王云审核，会计刘涌记账。

4.手工操作：会计刘涌计算企业所得税，编制企业所得税计算表。

本企业会计制度规定，企业所得税核算采用资产负债表债务法。根据各损益类账户的本月发生额、资产负债表和相关会计账簿记录，会计刘涌首先应该对企业资产和负债的账面价值与计税基础进行比较，确定暂时性差异，其次确定递延所得税资产和负债，最后确定所得税费用。

本企业会计制度规定，除应收账款、应付职工薪酬外，假设资产、负债的账面价值与其计税基础一致，未产生暂时性差异。

应纳所得税额=应纳税所得额×25%=（利润总额+纳税调整增加额－纳税调整减少额）×25%

5.手工操作：会计主管王云审核企业所得税计算表。

6.在"总账"模块中，填制记账凭证。

业务4.15：利润分配核算——年终结转本年利润

1.在"总账"|"期末"|"转账定义"中，采用"对应结转"方式，设置本年利润转出对应记账分录（见表4-1）。

表4-1　　　　　　　　　　　　　　　对应结转设置

转入或转出	科目编码	科目名称	结转系数
转出	4103	本年利润	
转入	410401	利润分配——未分配利润	1

2.在"总账"|"期末"|"转账生成"中，采用"对应结转"方式，对本年利润进行结转处理，生成结转本年利润的记账凭证。

3.会计主管王云审核，会计刘涌记账。

业务4.16：利润分配核算——利润分配

1.在"总账"|"期末"|"转账定义"中，采用"自定义结转"方式，设置盈余公积自定义转账分录（见表4-2）。

表4-2　　　　　　　　　　　　　　　对应结转设置

科目编码	方向	金额公式
410402	借	QM（4103，月，贷）*0.1
410101	贷	JG（）

2.在"总账"|"期末"|"转账生成"中，采用"自定义转账"方式，对盈余公积进行结转处理，生成盈余公积的记账凭证。

3.会计主管王云审核，会计刘涌记账。

业务4.17：结账

1.手工操作：

（1）会计主管王云对总分类账进行结账，主要包括月结、年结，并将其年末余额结转下年。

①月结结账方法：月末，在最后一笔业务行的下面画一条通栏单红线，并在其下一行摘要栏写上"本月合计"，结出本月发生额及余额，并在"本月合计"行的下面再画一条通栏单红线。如果该账户没有余额，只在最后一笔业务行的下面画一条通栏单红线即可。

②年结结账方法：年终，在12月份的"本月合计"行的下一行摘要栏写上"本年合计"，结出本年发生额及余额，在"本年合计"行的下面画通栏双红线。

③年末余额结转下年的方法：年终，在"本年合计"行的下一行摘要栏写上"结转下年"，将年末余额结转下年，即如果是年末借方余额，将年末借方余额填入贷方栏；如果是年末贷方余额，将年末贷方余额填入借方栏；然后在余额方向栏中填上"平"，在余额栏登记"0"，将"结转下年"行下面的空白行自右上角至左下角画一条单红线注销，并加盖结账人名章以示负责。

（2）会计刘涌对明细分类账进行结账，主要包括月结、年结，并将其年末余额结转下年。明细分类账的月结、年结、结转下年的结账方法与总账基本相同，但由于明细分类账的结账因账户格式、账户用途的不同而不同，如损益类多栏式明细账、制造费用明细账、生产成本明细账，其结账方法可以参见分配制造费用、分配辅助生产费用、结转完工产品成本和期间损益结转等业务的操作指导。

（3）出纳张艾佳对日记账进行结账，主要包括月结、年结，并将其年末余额结转下年。日记账的月结、年结、结转下年的结账方法与总账基本相同。

2.软件操作：

（1）结账处理。

每个会计期末都需要进行结账处理，结账实际上就是计算和结转各账簿的本期发生额和期末余额，并终止本期的账务处理工作。

应先进行采购、销售、库存管理系统结账，再进行应收款、应付款、存货核算系统结账，最后进行总账系统结账。

使用计算机进行结账与手工相比简单多了，计算机总账系统在每次记账时实际上已经结出各账户的余额和发生额，结账主要是对结账月份日常处理的限制，表明该月的数据已经处理完毕，不能再输入。

（2）建立新年度账。

一般情况下，企业是持续经营的，因此企业的会计工作是一个连续性的工作。上一会计年度结账后，接下来就是建立新年度账。

业务4.18：编制资产负债表、利润表、现金流量表

1.资产负债表是企业财务报表的重要组成内容，是反映企业一定日期财务状况的静态报表。

在报表中，单位名称处填写企业在工商行政部门注册时登记的全称，日期填写业务发生月份的最后一天。

分别利用手工方法填列、利用 Excel 计算、利用用友 U8V10.1 报表模块生成资产负债表，这三种方法编制的手段不同，但数据计算与填列的要求是一致的。资产负债表数据填列要求见表4-3。

表4-3 资产负债表数据填列要求一览表

资产	期末余额	负债和所有者权益（或股东权益）	期末余额
流动资产：		流动负债：	
货币资金	B06=("1001")+("1002")+("1012")	短期借款	E06=("2001")
以公允价值计量且其变动计入当期损益的金融资产	B07=("1101")	以公允价值计量且其变动计入当期损益的金融负债	E07=("2101")
衍生金融资产		衍生金融负债	
应收票据及应收账款	B09=("1121")+("1122")−("1231")	应付票据及应付账款	E09= ("2201") + ("2202")
预付款项	B10=("1123")	预收款项	E10=("2203")
其他应收款	B11=("1221")+("1131")+("1132")	应付职工薪酬	E11=("2211")
存货	B12=("1401")+("1402")+("1403")+("1404")+("1405")+("1406")+("1407")+("1408")+("1411")+("1421")+("1431")+("1441")+("1451")+("1461")−("1471")+("1321")−("2314")+("5001")	应交税费	E12=("2221")
持有待售资产	B13=("1101")	其他应付款	E13= ("2241") + ("2231")+("2232")
一年内到期的非流动资产	B14=("1901")	持有待售负债	
其他流动资产		一年内到期的非流动负债	
流动资产合计	B16=ptotal(B6:B15)	其他流动负债	
非流动资产：		流动负债合计	E17=ptotal(E6:E16)
可供出售金融资产	B18=("1503")	非流动负债：	
持有至到期投资	B19=("1501")−("1502")	长期借款	E19=("2501")
长期应收款	B20=("1531")−("1541")	应付债券	E20=("2502")
长期股权投资	B21=("1511")−("1512")	长期应付款	E21=("2701")
投资性房地产		预计负债	E22=("2801")
固定资产	B23=("1601")−("1602")−("1603")	递延收益	

资产	期末余额	负债和所有者权益（或股东权益）	期末余额
在建工程	B24=("1604")+("1605")	递延所得税负债	E24=("2901")
生产性生物资产	B25=("1621")−("1622")	其他非流动负债	
油气资产	B26=("1631")−("1632")	非流动负债合计	E26=ptotal(E19:E25)
无形资产	B27=("1701")−("1702")−("1703")	负债合计	E27=E17+E26
开发支出		所有者权益（或股东权益）：	
商誉	B29=("1711")	实收资本(或股本)	E29=("4001")
长期待摊费用	B30=("1801")	其他权益工具	
递延所得税资产	B31=("1811")	资本公积	E31=("4002")
其他非流动资产		减：库存股	E32=("4201")
非流动资产合计	B33=ptotal(B18:B32)	其他综合收益	
		盈余公积	E34=("4101")
		未分配利润	E35=("4104")
		所有者权益（或股东权益）合计	E36=ptotal(E29:E35)
资产总计	B37=B16+B33	负债和所有者权益（或股东权益）总计	E37=E17 + E27 + E36

资产负债表编制包括"年初余额"填列和"期末余额"填列。"年初余额"栏内的各项数字，根据上年年末资产负债表的"期末余额"栏内所列数字填列，"期末余额"栏内的各项数字，根据总账及明细账填列。

（1）"货币资金"项目，根据"库存现金""银行存款""其他货币资金"账户期末余额的合计数填列。

（2）"应收票据及应收账款"项目，根据"应收票据"账户期末余额加上"应收账款"和"预收账款"账户所属各明细账户的期末借方余额合计数减去"坏账准备"账户中有关应收账款计提的坏账准备期末余额后的金额填列。如"应收账款"账户所属明细账户期末有贷方余额的，应在资产负债表"预收款项"项目内填列。

（3）"预付款项"项目，根据"预付账款"和"应付账款"账户所属各明细账户的期末借方金额合计数填列。如"预付账款"账户所属明细账户期末有贷方余额的，应在资产负债表"应付票据及应付账款"项目内填列。

（4）"其他应收款"项目，根据"其他应收款"、"应收利息"和"应收股利"账户期末余额的合计数填列。

（5）"存货"项目，根据"材料采购""原材料""低值易耗品""库存商品""周转材料""委托加工物资""委托代销商品""生产成本"等账户的期末余额合计，减去"代销商品款""存货跌价准备"账户期末余额后的金额填列。

（6）"持有待售资产"项目，应根据"持有待售资产"账户的期末余额，减去"持有待售资产减值准备"账户的期末余额后的金额填列。

（7）"一年内到期的非流动资产"项目，应根据有关账户的期末余额填列。

（8）"长期股权投资"项目，应根据"长期股权投资"账户的期末余额，减去"长期股权投资减值准备"账户的期末余额后的金额填列。

（9）"固定资产"项目，根据"固定资产"账户的期末余额，减去"累计折旧"和"固定资产减值准备"账户期末余额后的金额，以及"固定资产清理"账户的期末余额填列。

（10）"在建工程"项目，根据"在建工程"和"工程物资"账户的期末余额，减去"在建工程减值准备"和"工程物资减值准备"账户期末余额后的金额填列。

（11）"无形资产"项目，根据"无形资产"账户的期末余额，减去"累计摊销"和"无形资产减值准备"账户期末余额后的金额填列。

（12）"长期待摊费用"项目，根据"长期待摊费用"账户的期末余额减去将于一年内（含一年）摊销的数额后的金额填列。

（13）"应付票据及应付账款"项目，根据"应付票据"账户期末余额加上"应付账款"和"预付账款"账户所属各明细账户的期末贷方余额合计数填列。如"应付账款"账户所属明细账户期末有借方余额的，应在资产负债表"预付款项"项目内填列。

（14）"预收款项"项目，根据"预收账款"和"应收账款"账户所属各明细账户的期末贷方余额合计数填列。如"预收账款"账户所属明细账户期末有借方余额的，应在资产负债表"应收票据及应收账款"项目内填列。

（15）"其他应付款"项目，应根据"应付利息"、"应付股利"和"其他应付款"账户的期末余额合计数填列。

（16）"持有待售负债"项目，应根据"持有待售负债"账户的期末余额填列。

（17）"应付职工薪酬"项目，反映企业根据有关规定应付给职工的工资、职工福利、社会保险费、住房公积金、工会经费、职工教育经费、非货币性福利、辞退福利等各种薪酬。外商投资企业按规定从净利润中提取的职工奖励及福利基金，也在本项目列示。

（18）"应交税费"项目，根据"应交税费"账户的期末贷方余额填列，如"应交税费"账户期末为借方余额，应以"-"号填列。包括增值税、消费税、所得税、资源税、土地增值税、城市维护建设税、房产税、城镇土地使用税、车船税、教育费附加、矿产资源补偿费、印花税等，企业代扣代缴的个人所得税，也通过本项目列示。

（19）"其他非流动负债"项目，根据有关账户减去将于一年内（含一年）到期偿还数后的余额填列。将于一年内（含一年）到期的非流动负债，应在"一年内到期的非流动负债"项目内单独反映。

责任人签字：在报表上加盖公司章、单位负责人处填写企业法人代表、会计负责人处填写企业分管会计工作的领导人。

2.利润表是企业财务报表的重要组成内容，是反映企业一定期间的经营成果的动态报表。

在报表中，单位名称处填写企业在工商行政部门注册时登记的全称，日期填写业务发生所在月份。

分别利用手工方法填列、利用 Excel 计算、利用用友 U8V10.1 报表模块生成利润表，这三种方法编制的手段不同，但数据计算与填列的要求是一致的。利润表数据填列要求见表4-4。

表4-4　　　　　　　　　　　　利润表数据填列要求一览表

项　目	本期金额
一、营业收入	B5=("6001")+("6051")
减：营业成本	B6=("6401")+("6402")
税金及附加	B7=("6403")
销售费用	B8=("6601")
管理费用	B9=("6602")
研发费用	
财务费用	B11=("6603")
其中：利息费用	B12=("660301")
利息收入	B13=("660302")
资产减值损失	B14=("6701")
加：其他收益	
投资收益（损失以"-"号填列）	B16=("6111")
其中：对联营企业和合营企业的投资收益	
公允价值变动收益（损失以"-"号填列）	B18=("6101")
资产处置收益（损失以"-"号填列）	
二、营业利润（亏损以"-"号填列）	B20=B5-B6-B7-B8-B9-B11-B14+B15+B16+B18+B19
加：营业外收入	B21=("6301")
减：营业外支出	B22=("6711")
三、利润总额（亏损总额以"-"号填列）	B23=B20+B21-B22
减：所得税费用	B24=("6801")
四、净利润（净亏损以"-"号填列）	B25=B23-B24
五、其他综合收益的税后净额	
六、综合收益总额	
七、每股收益：	
（一）基本每股收益	
（二）稀释每股收益	

利润表各项均需填列"本期金额"栏和"上期金额"栏两栏。"上期余额"栏内的各项数字，应该根据上年该期利润表的"本期金额"栏所列数字填列；"本期金额"栏内各

期数字，除"基本每股收益"和"稀释每股收益"项目外，应该按照相关账户的发生额填列。

（1）"营业收入"项目，应根据"主营业务收入"和"其他业务收入"账户的贷方发生额扣除借方发生额后的净额计算填列。

（2）"营业成本"项目，应根据"主营业务成本"和"其他业务成本"账户的借方发生额扣除贷方发生额后的净额计算填列。

（3）"投资收益"项目，如为净损失，以"－"号填列。

（4）"利润总额"项目，如为亏损总额，以"－"号填列。

责任人签字：在报表上加盖公司章、单位负责人处填写企业法人代表、会计负责人处填写企业分管会计工作的领导人。

3.现金流量表是反映企业在一定会计期间现金和现金等价物流入和流出的报表。现金流量表分为主表和附表（即补充资料）两大部分。主表的各项目金额实际上就是每笔现金流入、流出的归属，而附表的各项目金额则是相应会计账户的当期发生额或期末与期初余额的差额。

（1）填写单位名称及日期。

在报表中，单位名称处填写企业在工商行政部门注册时登记的全称，日期填写业务发生所在月份。

（2）填写报表数据项。

分别利用手工方法填列、利用 Excel 计算、利用用友 U8V10.1 报表模块生成现金流量表，这三种方法编制的手段不同，但数据计算与填列的要求是一致的。

①销售商品、提供劳务收到的现金=营业收入+本期发生的增值税销项税额+应收票据及应收账款（期初余额－期末余额）（不扣除坏账准备）+预收款项项目（期末余额－期初余额）－本期由于收到非现金资产抵债减少的应收账款、应收票据的金额－本期发生的现金折扣－本期发生的票据贴现利息（不附追索权）+收到的带息票据的利息±其他特殊调整业务。本项目根据"库存现金""银行存款""应收账款""主营业务收入""其他业务收入"等账户的记录分析填列。

②购买商品、接受劳务支付的现金=营业成本+存货项目（期末余额－期初余额）（不扣除存货跌价准备）+本期发生的增值税进项税额+应付票据及应付账款项目（期初余额－期末余额）+预付款项项目（期末余额－期初余额）－本期以非现金资产抵债减少的应付账款、应付票据的金额+本期支付的应付票据的利息－本期取得的现金折扣+本期毁损的外购商品成本－本期销售产品成本和期末存货中产品成本中所包含的不属于购买商品、接受劳务支付现金的费用（如未支付的工资、职工福利费和制造费用中除材料以外的其他费用）±其他特殊调整业务。本项目根据"库存现金""银行存款""应付账款""应付票据""主营业务成本"等账户的记录分析填列。

③支付给职工以及为职工支付的现金=本期产品成本及费用中的职工薪酬+应付职工薪酬（除在建工程人员）（期初余额－期末余额）。本项目根据"应付职工薪酬""库存现金""银行存款"等账户的记录分析填列。

④支付的各项税费=税金及附加+所得税费用+管理费用中的印花税等税金+已交纳的增值税+应交税费（不包括增值税）（期初余额－期末余额）。本项目可以根据"库存现

金"银行存款""应交税费"等账户的记录分析填列。

⑤支付其他与经营活动有关的现金="管理费用"中除职工薪酬、支付的税金和未支付现金的费用外的费用（即支付的其他费用）+"制造费用"中除职工薪酬和未支付现金的费用外的费用（即支付的其他费用）+"销售费用"中除职工薪酬和未支付现金的费用外的费用（即支付的其他费用）+"财务费用"中支付的结算手续费+"其他应收款"中支付职工预借的差旅费+"其他应付款"中支付的经营租赁的租金+"营业外支出"中支付的罚款支出等。本项目根据"库存现金""银行存款""管理费用""销售费用""营业外收入"等有关账户的记录分析填列。

（3）责任人签字：在报表上加盖公司章、单位负责人处填写企业法人代表、会计负责人处填写企业分管会计工作的领导人。

业务 4.19：财务分析

1.查阅资料、整理数据。详细阅读本公司的基本情况、资产负债表、利润表等，收集同类企业的相关资料，如资产负债表、利润表、财务分析报告等。

2.财务分析指标计算、分析。利用 Excel 进行财务指标计算，利用用友 U8V10.1 的财务分析系统进行财务指标计算。

在进行财务指标分析时，通常需要进行比较分析、趋势分析、结构分析等，可采用柱状图、折线图、饼形图等图形分析。

3.编写财务分析报告。分工编写财务分析报告，一般分为提要、公司财务现状、分析与评价、建议四部分。

财务分析报告初稿编写完成后要进行反复修改，定稿后再交公司领导审批，最后将完成的财务分析报告装订成册上交。

业务 4.20：纳税申报

1.增值税的申报。

（1）编写增值税纳税申报表。一般纳税人要填一张主表和八张附表，小规模纳税人只填一张主表和一张附表。

（2）选择增值税纳税申报方式，每月 10 日之前提交。

①手工申报，到税务机关申报。

②IC 卡申报，先在企业的计算机上写卡，然后到税务机关申报。

③网上申报，在网上下载申报表，填好后再上传。

利用网上申报系统客户端进行网上申报，网上申报受理平台受理申报数据（防伪税控纳税人还需要到主管税务机关办税服务厅抄报税）成功后，网上申报受理平台会将申报数据自动导入税收征管系统并发起扣款，扣款成功后申报完成。

2.企业所得税的申报。

（1）编写企业所得税年度纳税申报表。

（2）每季度终了后 15 日前申报，除规定的"八种"特殊情况外，经纳税人确认的，均需要进行网上申报。股份制企业、有限公司（包括一人公司）都需要缴纳企业所得税。先按季预缴企业所得税，在下一年的 5 月底以前，对上一年的企业所得税进行汇算清缴。

3.其他申报的税种有：城市维护建设税、教育费附加和地方教育附加、车船税、印花税、房产税、城镇土地使用税、个人所得税。

①每月7日前，申报个人所得税。

②每月15日前，申报城市维护建设税、教育费附加、地方教育附加。

③印花税，年底时申报一次（全年的）。

④房产税、城镇土地使用税、车船税，各地税务机关的要求不同，按照单位主管税务局要求的期限进行申报。

【成果展示】

展示业务4.1至业务4.20手工方式编制的记账凭证、计算表及所附原始凭证、登记的日记账、明细账和总分类账。

展示手工编制的资产负债表、利润表、现金流量表。

输出业务4.1至业务4.20计算机方式填制的记账凭证文件（Excel格式）及有关转账公式、科目发生额与余额表（Excel格式）并进行展示。

展示银行存款余额调节表（Excel格式）。

展示利用用友U8V10.1的UFO报表管理系统编制的资产负债表、利润表、现金流量表及计算公式。

展示编制的增值税、企业所得税纳税申报表，其他附加税纳税申报表，扣缴个人所得税申报表。

【学习评价】

学习评价表见表4-5。

表4-5　　　　　　　　　　　　　　学习评价表

项 目		个人评价	小组评价	教师评价	得分
专业技能	工作任务完成情况　　（30分）				
	工作质量　　（20分）				
	工作效率　　（10分）				
职业素养	组织纪律　　（20分）				
	协同情况　　（10分）				
	工作态度　　（10分）				
总评成绩（总分×本单元占本门课程的比重）					

附　录　原始单据

第二单元　建账

业务2.1

收　款　收　据　　NO.0002001

2018 年 11 月 2 日

交款单位(个人)　夏羽飞	收款方式 现金
人民币(大写)　壹万元整	现金临讫　10 000.00
收款事由　企业开办费	

第二联　收据

单位盖章　　财务主管　　记账　　出纳 张艾佳　　审核　　经办 赵轩

- -

业务2.4

5101167132

大连增值税电子普通发票

机器编号：512832825224

发票代码：221001167132
发票号码：205127333
开票日期：2018 年 11 月 8 日
校验码：63018181412604398417

购买方	名　　称：大连华枫家具制造有限公司 纳税人识别号：912102117777700111H 地址、电话： 开户行及账号：	密码区	(略)

货物或应税劳务、服务名称	规格型号	单位	数量	单价	金额	税率	税额
*生活服务*培训服务			1	300.00	300.00	6%	18.00
合计					￥300.00		￥18.00

价税合计（大写）　⊗叁佰壹拾捌元整	（小写）￥318.00

销售方	名　　称：大连浪潮管理咨询有限公司 纳税人识别号：912102117515708138R 地址、电话：辽宁省大连市甘井子区山东路4-3-2号 0411-82823463 开户行及账号：中国农业银行大连分行 0100001642345465 7829	备注	大连浪潮管理咨询有限公司 912102117515708138R 发票专用章

收款人：王艳　　　　复核：王磊　　　　开票人：张扬　　　　销售方：(章)

业务 2.5-1/2

大连增值税电子普通发票

5101167133

机器编号：512832825265

发票代码：221001267132
发票号码：205127365
开票日期：2018 年 11 月 9 日
校验码：63018181412604398418

| 购买方 | 名称：大连华枫家具制造有限公司
纳税人识别号：91210211777700111H
地址、电话：
开户行及账号： | | | | | 密码区 | （略） | |

货物或应税劳务、服务名称	规格型号	单位	数量	单价	金额	税率	税额
*设计服务*刻章费			1	500.00	500.00	6%	30.00
合计					￥500.00		￥30.00

价税合计（大写）　⊗伍佰叁拾元整　　　　　　（小写）￥530.00

| 销售方 | 名称：大连锦绣设计有限公司
纳税人识别号：91210211751571 2345R
地址、电话：辽宁省大连市甘井子区中山路32号 0411-82822256
开户行及账号：中国银行大连甘井子支行 01000016423454656255 | | 备注 | 大连锦绣设计有限公司
91210211751571 2345R
发票专用章 |

收款人：王岩　　　复核：刘霞　　　开票人：张扬　　　销售方：（章）

业务 2.5-2/2

收 款 收 据　　NO.0002001

2018 年 11 月 2 日

交款单位（个人）　夏羽飞　　　　收款方式　现金

人民币（大写）　壹万元整　　　　　现金10000.00

收款事由　企业开办费

单位盖章　　财务主管　　记账　　出纳 张艾佳　　审核　　经办 赵轩

第二联 收据

业务 2.7-1/4

收 款 收 据　　NO.0002002

2018 年 11 月 12 日

交款单位（个人）　夏羽飞	收款方式　现金（存折）
人民币（大写）　陆佰万元整	￥6 000 000.00
收款事由　投资款	

单位盖章　　财务主管　　记账　　出纳　　审核　　经办 赵轩

第二联 收据

业务 2.7-2/4

收 款 收 据　　NO.0002003

2018 年 11 月 12 日

交款单位（个人）　大连浩天设备股份有限公司	收款方式　现金（存折）
人民币（大写）　肆佰万元整	￥4 000 000.00
收款事由　投资款	

单位盖章　　财务主管　　记账　　出纳　　审核　　经办 赵轩

第二联 收据

业务 2.7-3/4

现金送（缴）款单

2018 年 11 月 12 日

客户填写	单位名称	大连华枫家具制造有限公司	收款人	开户行	大连银行								
	单位账号	800000208002222		款项来源	夏羽飞投资款								
	币种及金额（大写）	人民币陆佰万元整			千	百	十	万	千	百	十	元	角	分
				¥	6	0	0	0	0	0	0	0	0

银行专用栏：
交易码：0810现金存入　交易日期：2018.11.12　柜员交易号：72115-1-0157-0000
单位名称：大连华枫家具制造有限公司
单位账号：800000208002222　起息日期：2018.11.12
币种及金额（大写）人民币陆佰万元整
（小写）RMB6 000 000.00
摘要：

大连银行夏泊支行
2018 年 11 月 12 日
转讫

银行签章：

会计主管　　　　复核（授权）人　　　　柜员

业务 2.7-4/4

现金送（缴）款单

2018 年 11 月 12 日

客户填写	单位名称	大连华枫家具制造有限公司	收款人	开户行	大连银行								
	单位账号	800000208002222		款项来源	大连浩天设备股份有限公司投资款								
	币种及金额（大写）	人民币肆佰万元整			千	百	十	万	千	百	十	元	角	分
				¥	4	0	0	0	0	0	0	0	0

银行专用栏：
交易码：0810现金存入　交易日期：2018.11.12　柜员交易号：72115-1-0157-0004
单位名称：大连华枫家具制造有限公司
单位账号：800000208002222　起息日期：2018.11.12
币种及金额（大写）人民币肆佰万元整
（小写）RMB4 000 000.00
摘要：

大连银行夏泊支行
2018 年 11 月 12 日
转讫

银行签章：

会计主管　　　　复核（授权）人　　　　柜员

业务 2.8-1/2

大连银行 BANK OF DALIAN

收费客户回单

2018 年 11 月 19 日

账号：800000208002222

户名：大连华枫家具制造有限公司

交易量：1　　　　　　　　　　　交易金额：　　　　　　　　币种：01

业务种类：重要空白凭证

收费种类名称	收费金额
重要空白凭证手续费	40.00
重要空白凭证工本费	60.00

收费合计（大写）：壹佰元整

收费合计（小写）：100.00

交易柜员：赵阳

（大连银行夏泊支行 业务专用章 (01)）

业务 2.8-2/2

大连银行 BANK OF DALIAN

收费客户回单

2018 年 11 月 19 日

账号：800000208002222

户名：大连华枫家具制造有限公司

交易量：1　　　　　　　　　　　交易金额：　　　　　　　　币种：01

业务种类：重要空白凭证

收费种类名称	收费金额
回单柜	200.00

收费合计（大写）：贰佰元整

收费合计（小写）：200.00

交易柜员：赵阳

（大连银行夏泊支行 业务专用章 (01)）

业务 2.9-1/3

大连银行 转账支票存根 10205120 10565211	
附加信息	
出票日期 2018 年 11 月 19 日	
收款人：大连万向物业 管理有限公司	
金　额：￥110 000.00	
用　途：租入办公场地	
单位主管　　会计	

大连银行 BANK OF DALIAN　**转账支票**　10205120 10565211

出票日期（大写）贰零壹捌年壹拾壹月壹拾玖日　　付款行名称：大连银行夏泊支行

收款人：大连万向物业管理有限公司　　出票人账号：800000208002222

人民币（大写）壹拾壹万元整　　　亿千百十万千百十元角分　￥ 1 1 0 0 0 0 0 0

付款期限自出票之日起十天

用途 租入办公场地　　密码 7606 6328 7184 9870

上列款项请从我账户内支付　　行号 102651002365

出票人签章　　复核　　记账

（财务专用章：大连华枫家具制造有限公司）（飞夏印羽）

业务 2.9-2/3

收　款　收　据　　NO.0003022

2018 年 11 月 19 日

交款单位（个人）	大连华枫家具制造有限公司	收款方式 转账支票收讫，支票号 10565211

人民币（大写）　　壹万元整　　　　　　　　　　￥ 10 000.00

收款事由　　　　租办公场地押金

单位盖章　　财务主管　　记账　　出纳　　审核　　经办 刘烨

第二联 收据

业务 2.9-3/3

2200210610

校验码 51283 28253 68794 19187

大连增值税普通发票　№07463067

2200210610
07463067

开票日期：2018 年 11 月 19 日

购买方	名　称：大连华枫家具制造有限公司	密码区	（略）
	纳税人识别号：91210211777700111H		
	地址、电话：大连市甘井子区夏泊路 108 号 0411-82140000		
	开户行及账号：大连银行夏泊支行 800000208002222		

货物或应税劳务、服务名称	规格型号	单位	数量	单价	金额	税率	税额
*经营租赁*租房		年	1	90 909.09	90 909.09	10%	9 090.91
合计					￥90 909.09		￥9 090.91

价税合计（大写）⊗壹拾万元整　　　　　（小写）￥100 000.00

销售方	名　称：大连万向物业管理有限公司	备注	
	纳税人识别号：91210200040002484S		
	地址、电话：辽宁省大连市甘井子区红旗东路 2 号 0411-84626379		
	开户行及账号：中国农业银行大连甘井子支行 210202333359587030		

收款人：刘丽丽　　复核：井明　　开票人：金豆

第二联：发票联 购买方记账凭证

（发票专用章：大连万向物业管理有限公司 91210200040002484S）

业务 2.10-1/53

2200210610

2200210610

校验码 51283 28253 68794 39687　　大连增值税专用发票　№07463811　07463811

开票日期：2018年11月20日

购买方		
名　称：	大连华枫家具制造有限公司	
纳税人识别号：	9121021177770011H	
地址、电话：	大连市甘井子区夏泊路108号 0411-82140000	
开户行及账号：	大连银行夏泊支行 800000208002222	

密码区 （略）

货物或应税劳务、服务名称	规格型号	单位	数量	单价	金额	税率	税额
*家具*办公家具（详见购物清单）		批	1	27 080.00	27 080.00	16%	4 332.80
合计					￥27 080.00		￥4 332.80

价税合计（大写）　⊗叁万壹仟肆佰壹拾贰元捌角整　　（小写）￥31 412.80

销售方		
名　称：	大连家具大世界	
纳税人识别号：	9121020232245657S	
地址、电话：	大连市沙河口区西南路79号 0411-84626379	
开户行及账号：	中国农业银行大连沙河口支行 210202333356789033	

备注：大连家具大世界 9121020232245657S 发票专用章

收款人：徐楠　　复核：刘晶　　开票人：杨雪　　销售方：（章）

第二联：抵扣联 购买方扣税凭证

业务 2.10-2/53

（第二张发票内容同上，第三联：发票联 购买方记账凭证）

业务 2.10-3/53

销售货物或提供应税劳务、服务清单

购买方名称：大连华枫家具制造有限公司
销售方名称：大连家具大世界
所属增值税专用发票代票：2200210610
号码：07463811　　　　　　　　　　　　　　　共1页第1页

序号	货物(劳务)名称	规模型号	单位	数量	单价	金额										税率	税额									
						百	十	万	千	百	十	元	角	分		百	十	万	千	百	十	元	角	分
1	办公桌		张	1	2 000				2	0	0	0	0	0	16%					3	2	0	0	0
2	办公桌		张	4	500				2	0	0	0	0	0	16%					3	2	0	0	0
3	办公桌		张	12	200				2	4	0	0	0	0	16%					3	8	4	0	0
4	椅子		把	1	1 000				1	0	0	0	0	0	16%					1	6	0	0	0
5	椅子		把	4	200					8	0	0	0	0	16%					1	2	8	0	0
6	椅子		把	16	80				1	2	8	0	0	0	16%					2	0	4	8	0
7	沙发		套	1	3 000				3	0	0	0	0	0	16%					4	8	0	0	0
8	沙发		套	1	1 000				1	0	0	0	0	0	16%					1	6	0	0	0
9	资料柜		个	2	2 000				4	0	0	0	0	0	16%					6	4	0	0	0
10	资料柜		个	8	800				6	4	0	0	0	0	16%				1	0	2	4	0	0
11	保险柜		个	3	900				2	7	0	0	0	0	16%					4	3	2	0	0
12	金柜		个	1	500					5	0	0	0	0	16%						8	0	0	0
	小计																							
	总计							2	7	0	8	0	0	0						4	3	3	2	8	0

备注：

销售方（章）：

（盖章：大连家具大世界　9121020232245657S　发票专用章）

填开日期：2018 年 11 月 20 日

业务 2.10-4/53

大连银行							
转账支票存根				大连银行 BANK OF DALIAN	转账支票		10205120
10205120							10565213
10565213				出票日期（大写）贰零壹捌年壹拾壹月贰拾日		付款行名称：大连银行夏泊支行	
				收款人：大连家具大世界		出票人账号：800000208002222	

附加信息

出票日期 2018 年 11 月 20 日

收款人：大连家具大世界
金　额：￥31 412.80
用　途：购买家具

单位主管　　　会计

人民币（大写）叁万壹仟肆佰壹拾贰元捌角整

亿	千	百	十	万	千	百	十	元	角	分
				￥3	1	4	1	2	8	0

用途 购买家具
上列款项请从
我账户内支付
出票人签章

密码 7606 6328 7184 9932
行号 102651002365

复核　　　　记账

业务 2.10-5/53

固定资产验收单

申购单位：办公室　　　　　　2018 年 11 月 20 日　　　　　　验收单号：18101

品名	数量	单价（元）	金额（元）	备注
办公桌	1 张	2 000.00	2 000.00	办公室
沙发	1 套	3 000.00	3 000.00	办公室
资料柜	2 个	2 000.00	4 000.00	办公室
合计			9 000.00	

验收人签章：罗雪青

业务 2.10-6/53

低值易耗品验收单

申购单位：办公室　　　　　　2018 年 11 月 20 日　　　　　　验收单号：18102

品名	数量	单价（元）	金额（元）	备注
办公桌	4 张	500.00	2 000.00	
办公桌	12 张	200.00	2 400.00	
椅子	1 把	1 000.00	1 000.00	
椅子	4 把	200.00	800.00	
椅子	16 把	80.00	1 280.00	
沙发	1 套	1 000.00	1 000.00	
资料柜	8 个	800.00	6 400.00	
保险柜	3 个	900.00	2 700.00	
金柜	1 个	500.00	500.00	
合计			18 080.00	

验收人签章：罗雪青

业务 2.10-7/53

低值易耗品领用单

申购单位：办公室　　　　　　　　　　　　　　　　　　　　　　　领用单号：18201

名　　称	办公桌			规格型号	
销　售　商	大连家具大世界			购置日期	2018.11.20
单　　价	500	数量	1	计量单位	张
发　票　号				货到日期	2018.11.20
采　购　人	由天明	领用人	罗雪青	验收日期	2018.11.20
随机资料					
领用部门	办公室				

业务 2.10-8/53

低值易耗品领用单

申购单位：办公室　　　　　　　　　　　　　　　　　　　　　　　领用单号：18202

名　　称	办公桌			规格型号	
销　售　商	大连家具大世界			购置日期	2018.11.20
单　　价	200	数量	1	计量单位	张
发　票　号				货到日期	2018.11.20
采　购　人	由天明	领用人	罗雪青	验收日期	2018.11.20
随机资料					
领用部门	办公室				

业务 2.10-9/53

低值易耗品领用单

申购单位：办公室　　　　　　　　　　　　　　　　　　　　　　　领用单号：18203

名　　称	椅子			规格型号	
销　售　商	大连家具大世界			购置日期	2018.11.20
单　　价	1 000	数量	1	计量单位	把
发　票　号				货到日期	2018.11.20
采　购　人	由天明	领用人	罗雪青	验收日期	2018.11.20
随机资料					
领用部门	办公室				

业务 2.10-10/53

低值易耗品领用单

申购单位：办公室　　　　　　　　　　　　　　　　　　　领用单号：18204

名　　称	椅子			规格型号	
销 售 商	大连家具大世界			购置日期	2018.11.20
单　　价	200	数量	1	计量单位	把
发 票 号				货到日期	2018.11.20
采 购 人	由天明	领用人	罗雪青	验收日期	2018.11.20
随机资料					
领用部门	办公室				

业务 2.10-11/53

低值易耗品领用单

申购单位：办公室　　　　　　　　　　　　　　　　　　　领用单号：18205

名　　称	椅子			规格型号	
销 售 商	大连家具大世界			购置日期	2018.11.20
单　　价	80	数量	1	计量单位	把
发 票 号				货到日期	2018.11.20
采 购 人	由天明	领用人	罗雪青	验收日期	2018.11.20
随机资料					
领用部门	办公室				

业务 2.10-12/53

低值易耗品领用单

申购单位：办公室　　　　　　　　　　　　　　　　　　　领用单号：18206

名　　称	资料柜			规格型号	
销 售 商	大连家具大世界			购置日期	2018.11.20
单　　价	800	数量	2	计量单位	个
发 票 号				货到日期	2018.11.20
采 购 人	由天明	领用人	罗雪青	验收日期	2018.11.20
随机资料					
领用部门	办公室				

业务 2.10-13/53

低值易耗品领用单

申购单位：办公室　　　　　　　　　　　　　　　　　领用单号：18207

名　称	保险柜		规格型号	
销售商	大连家具大世界		购置日期	2018.11.20
单　价	900	数量　1	计量单位	个
发票号			货到日期	2018.11.20
采购人	由天明	领用人　罗雪青	验收日期	2018.11.20
随机资料				
领用部门	办公室			

业务 2.10-14/53

低值易耗品领用单

申购单位：办公室　　　　　　　　　　　　　　　　　领用单号：18208

名　称	保险柜		规格型号	
销售商	大连家具大世界		购置日期	2018.11.20
单　价	900	数量　1	计量单位	个
发票号			货到日期	2018.11.20
采购人	由天明	领用人　江若岩	验收日期	2018.11.20
随机资料				
领用部门	采购部			

业务 2.10-15/53

低值易耗品领用单

申购单位：办公室　　　　　　　　　　　　　　　　　领用单号：18209

名　称	办公桌		规格型号	
销售商	大连家具大世界		购置日期	2018.11.20
单　价	200	数量　3	计量单位	张
发票号			货到日期	2018.11.20
采购人	由天明	领用人　宫小威	验收日期	2018.11.20
随机资料				
领用部门	销售部			

业务 2.10-16/53

低值易耗品领用单

申购单位：办公室　　　　　　　　　　　　　　　　　　　　　　　　领用单号：18210

名　　　称	椅子			规格型号	
销 售 商	大连家具大世界			购置日期	2018.11.20
单　　　价	200	数量	1	计量单位	把
发 票 号				货到日期	2018.11.20
采 购 人	由天明	领用人	江若岩	验收日期	2018.11.20
随机资料					
领用部门	采购部				

业务 2.10-17/53

低值易耗品领用单

申购单位：办公室　　　　　　　　　　　　　　　　　　　　　　　　领用单号：18211

名　　　称	椅子			规格型号	
销 售 商	大连家具大世界			购置日期	2018.11.20
单　　　价	80	数量	5	计量单位	把
发 票 号				货到日期	2018.11.20
采 购 人	由天明	领用人	宫小威	验收日期	2018.11.20
随机资料					
领用部门	销售部				

业务 2.10-18/53

低值易耗品领用单

申购单位：办公室　　　　　　　　　　　　　　　　　　　　　　　　领用单号：18212

名　　　称	沙发			规格型号	
销 售 商	大连家具大世界			购置日期	2018.11.20
单　　　价	1 000	数量	1	计量单位	套
发 票 号				货到日期	2018.11.20
采 购 人	由天明	领用人	江若岩	验收日期	2018.11.20
随机资料					
领用部门	采购部				

业务 2.10-19/53

低值易耗品领用单

申购单位：办公室　　　　　　　　　　　　　　　　　　　　　　领用单号：18213

名　　称	资料柜			规格型号	
销 售 商	大连家具大世界			购置日期	2018.11.20
单　价	800	数量	2	计量单位	个
发 票 号				货到日期	2018.11.20
采 购 人	由天明	领用人	宫小威	验收日期	2018.11.20
随机资料					
领用部门	销售部				

业务 2.10-20/53

固定资产领用单

申购单位：办公室　　　　　　　　　　　　　　　　　　　　　　领用单号：18214

名　　称	办公桌			规格型号	
销 售 商	大连家具大世界			购置日期	2018.11.20
单　价	2 000	数量	1	计量单位	张
发 票 号				货到日期	2018.11.20
采 购 人	由天明	领用人	罗雪青	验收日期	2018.11.20
随机资料					
领用部门	办公室				

业务 2.10-21/53

低值易耗品领用单

申购单位：办公室　　　　　　　　　　　　　　　　　　　　　　领用单号：18215

名　　称	办公桌			规格型号	
销 售 商	大连家具大世界			购置日期	2018.11.20
单　价	500	数量	1	计量单位	张
发 票 号				货到日期	2018.11.20
采 购 人	由天明	领用人	赵轩	验收日期	2018.11.20
随机资料					
领用部门	财务部				

业务 2.10-22/53

低值易耗品领用单

申购单位：办公室　　　　　　　　　　　　　　　　　　　　　　　领用单号：18216

名　　称	办公桌			规格型号	
销 售 商	大连家具大世界			购置日期	2018.11.20
单　价	200	数量	3	计量单位	张
发 票 号				货到日期	2018.11.20
采 购 人	由天明	领用人	赵轩	验收日期	2018.11.20
随机资料					
领用部门	财务部				

业务 2.10-23/53

低值易耗品领用单

申购单位：办公室　　　　　　　　　　　　　　　　　　　　　　　领用单号：18217

名　　称	椅子			规格型号	
销 售 商	大连家具大世界			购置日期	2018.11.20
单　价	200	数量	1	计量单位	把
发 票 号				货到日期	2018.11.20
采 购 人	由天明	领用人	赵轩	验收日期	2018.11.20
随机资料					
领用部门	财务部				

业务 2.10-24/53

低值易耗品领用单

申购单位：办公室　　　　　　　　　　　　　　　　　　　　　　　领用单号：18218

名　　称	椅子			规格型号	
销 售 商	大连家具大世界			购置日期	2018.11.20
单　价	80	数量	3	计量单位	把
发 票 号				货到日期	2018.11.20
采 购 人	由天明	领用人	赵轩	验收日期	2018.11.20
随机资料					
领用部门	财务部				

业务 2.10-25/53

低值易耗品领用单

申购单位：办公室　　　　　　　　　　　　　　　　　　　领用单号：18219

名　　称	资料柜		规格型号	
销 售 商	大连家具大世界		购置日期	2018.11.20
单　　价	800	数量　2	计量单位	个
发 票 号			货到日期	2018.11.20
采 购 人	由天明	领用人　赵轩	验收日期	2018.11.20
随机资料				
领用部门	财务部			

业务 2.10-26/53

固定资产领用单

申购单位：办公室　　　　　　　　　　　　　　　　　　　领用单号：18220

名　　称	沙发		规格型号	
销 售 商	大连家具大世界		购置日期	2018.11.20
单　　价	3 000	数量　1	计量单位	套
发 票 号			货到日期	2018.11.20
采 购 人	由天明	领用人　罗雪青	验收日期	2018.11.20
随机资料				
领用部门	办公室			

业务 2.10-27/53

低值易耗品领用单

申购单位：办公室　　　　　　　　　　　　　　　　　　　领用单号：18221

名　　称	金柜		规格型号	
销 售 商	大连家具大世界		购置日期	2018.11.20
单　　价	500	数量　1	计量单位	个
发 票 号			货到日期	2018.11.20
采 购 人	由天明	领用人　赵轩	验收日期	2018.11.20
随机资料				
领用部门	财务部			

业务 2.10-28/53

低值易耗品领用单

申购单位：办公室　　　　　　　　　　　　　　　　　　　　领用单号：18222

名　　称	办公桌			规格型号	
销售商	大连家具大世界			购置日期	2018.11.20
单　价	500	数量	1	计量单位	张
发票号				货到日期	2018.11.20
采购人	由天明	领用人	胡美玲	验收日期	2018.11.20
随机资料					
领用部门	人力资源部				

业务 2.10-29/53

低值易耗品领用单

申购单位：办公室　　　　　　　　　　　　　　　　　　　　领用单号：18223

名　　称	办公桌			规格型号	
销售商	大连家具大世界			购置日期	2018.11.20
单　价	200	数量	2	计量单位	张
发票号				货到日期	2018.11.20
采购人	由天明	领用人	胡美玲	验收日期	2018.11.20
随机资料					
领用部门	人力资源部				

业务 2.10-30/53

低值易耗品领用单

申购单位：办公室　　　　　　　　　　　　　　　　　　　　领用单号：18224

名　　称	椅子			规格型号	
销售商	大连家具大世界			购置日期	2018.11.20
单　价	200	数量	1	计量单位	把
发票号				货到日期	2018.11.20
采购人	由天明	领用人	胡美玲	验收日期	2018.11.20
随机资料					
领用部门	人力资源部				

业务 2.10-31/53

低值易耗品领用单

申购单位：办公室　　　　　　　　　　　　　　　　　　　　　　　　　　领用单号：18225

名　　称	椅子		规格型号	
销 售 商	大连家具大世界		购置日期	2018.11.20
单　　价	80	数量	2	计量单位	把
发 票 号			货到日期	2018.11.20
采 购 人	由天明	领用人	胡美玲	验收日期	2018.11.20
随机资料				
领用部门	人力资源部			

业务 2.10-32/53

低值易耗品领用单

申购单位：办公室　　　　　　　　　　　　　　　　　　　　　　　　　　领用单号：18226

名　　称	资料柜		规格型号	
销 售 商	大连家具大世界		购置日期	2018.11.20
单　　价	800	数量	2	计量单位	个
发 票 号			货到日期	2018.11.20
采 购 人	由天明	领用人	胡美玲	验收日期	2018.11.20
随机资料				
领用部门	人力资源部			

业务 2.10-33/53

低值易耗品领用单

申购单位：办公室　　　　　　　　　　　　　　　　　　　　　　　　　　领用单号：1827

名　　称	办公桌		规格型号	
销 售 商	大连家具大世界		购置日期	2018.11.20
单　　价	200	数量	2	计量单位	张
发 票 号			货到日期	2018.11.20
采 购 人	由天明	领用人	谭世俊	验收日期	2018.11.20
随机资料				
领用部门	生产部			

业务 2.10-34/53

低值易耗品领用单

申购单位：办公室　　　　　　　　　　　　　　　　　　　　领用单号：18228

名　　称	椅子		规格型号	
销售商	大连家具大世界		购置日期	2018.11.20
单　　价	80	数量　5	计量单位	把
发票号			货到日期	2018.11.20
采购人	由天明	领用人　谭世俊	验收日期	2018.11.20
随机资料				
领用部门	生产部			

业务 2.10-35/53

低值易耗品领用单

申购单位：办公室　　　　　　　　　　　　　　　　　　　　领用单号：18229

名　　称	保险柜		规格型号	
销售商	大连家具大世界		购置日期	2018.11.20
单　　价	900	数量　1	计量单位	个
发票号			货到日期	2018.11.20
采购人	由天明	领用人　谭世俊	验收日期	2018.11.20
随机资料				
领用部门	生产部			

业务 2.10-36/53

低值易耗品领用单

申购单位：办公室　　　　　　　　　　　　　　　　　　　　领用单号：18230

名　　称	办公桌		规格型号	
销售商	大连家具大世界		购置日期	2018.11.20
单　　价	200	数量　1	计量单位	张
发票号			货到日期	2018.11.20
采购人	由天明	领用人　江若岩	验收日期	2018.11.20
随机资料				
领用部门	采购部			

业务 2.10-37/53

低值易耗品领用单

申购单位：办公室 　　　　　　　　　　　　　　　　　　　领用单号：18231

名　　称	办公桌			规格型号	
销售商	大连家具大世界			购置日期	2018.11.20
单　　价	500	数量	1	计量单位	张
发票号				货到日期	2018.11.20
采购人	由天明	领用人	谭世俊	验收日期	2018.11.20
随机资料					
领用部门	生产部				

业务 2.10-38/53

固定资产领用单

申购单位：办公室 　　　　　　　　　　　　　　　　　　　领用单号：18232

名　　称	资料柜			规格型号	
销售商	大连家具大世界			购置日期	2018.11.20
单　　价	2 000	数量	1	计量单位	个
发票号				货到日期	2018.11.20
采购人	由天明	领用人	谭世俊	验收日期	2018.11.20
随机资料					
领用部门	生产部				

业务 2.10-39/53

固定资产领用单

申购单位：办公室 　　　　　　　　　　　　　　　　　　　领用单号：18233

名　　称	资料柜			规格型号	
销售商	大连家具大世界			购置日期	2018.11.20
单　　价	2 000	数量	1	计量单位	个
发票号				货到日期	2018.11.20
采购人	由天明	领用人	江若岩	验收日期	2018.11.20
随机资料					
领用部门	采购部				

业务 2.10-40/53

2200210610			2200210610

大连增值税专用发票　№07465997　07465997

校验码 51283 28253 68794 39687　　　　　开票日期：2018 年 11 月 20 日

购买方	名　　称：大连华枫家具制造有限公司					密码区	（略）	第二联：抵扣联　购买方扣税凭证
	纳税人识别号：9121021177700111H							
	地址、电话：大连市甘井子区夏泊路 108 号 0411-82140000							
	开户行及账号：大连银行夏泊支行 800000208002222							

货物或应税劳务、服务名称	规格型号	单位	数量	单价	金额	税率	税额
*复印胶版印制设备*办公设备(详见购物清单)		批	1	59 000.00	59 000.00	16%	9 440.00
合计					￥59 000.00		￥9 440.00

价税合计（大写）　⊗陆万捌仟肆佰肆拾元整　　　　（小写）￥68 440.00

销售方	名　　称：大连华昌电子城	备注
	纳税人识别号：9121020258855253S	
	地址、电话：大连市西岗区槐花路 90 号 0411-83636556	
	开户行及账号：中国建设银行大连沙河口支行 210202121253321030	

收款人：刘丽　　　复核：王平　　　开票人：李乐　　　销售方：（章）

业务 2.10-41/53

2200210610			2200210610

大连增值税专用发票　№07465997　07465997

校验码 51283 28253 68794 39687　　　　　开票日期：2018 年 11 月 20 日

购买方	名　　称：大连华枫家具制造有限公司					密码区	（略）	第三联：发票联　购买方记账凭证
	纳税人识别号：9121021177700111H							
	地址、电话：大连市甘井子区夏泊路 108 号 0411-82140000							
	开户行及账号：大连银行夏泊支行 800000208002222							

货物或应税劳务、服务名称	规格型号	单位	数量	单价	金额	税率	税额
*复印胶版印制设备*办公设备(详见购物清单)		批	1	59 000.00	59 000.00	16%	9 440.00
合计					￥59 000.00		￥9 440.00

价税合计（大写）　⊗陆万捌仟肆佰肆拾元整　　　　（小写）￥68 440.00

销售方	名　　称：大连华昌电子城	备注
	纳税人识别号：9121020258855253S	
	地址、电话：大连市西岗区槐花路 90 号 0411-83636556	
	开户行及账号：中国建设银行大连沙河口支行 210202121253321030	

收款人：刘丽　　　复核：王平　　　开票人：李乐　　　销售方：（章）

业务 2.10-42/53

销售货物或提供应税劳务、服务清单

购买方名称：大连华枫家具制造有限公司
销售方名称：大连华昌电子城
所属增值税专用发票代票：2200210610
号码：07465997

共1页第1页

序号	货物(劳务)名称	规模型号	计量单位	数量	单价	金额									税率	税额								
						百	十	万	千	百	十	元	角	分		百	十	万	千	百	十	元	角	分
1	电脑		台	12	4 000			4	8	0	0	0	0	0	16%				7	6	8	0	0	0
2	打印机		台	4	1 000				4	0	0	0	0	0	16%					6	4	0	0	0
3	针式打印机		台	1	2 000				2	0	0	0	0	0	16%					3	2	0	0	0
4	扫描复印机		台	1	5 000				5	0	0	0	0	0	16%					8	0	0	0	0
	小计																							
	合计							5	9	0	0	0	0	0					9	4	4	0	0	0

备注：

销售方（章）

9121020258855253S
发票专用章

填开日期：2018年11月20日

业务 2.10-43/53

大连银行
转账支票存根
10205120
10565214

附加信息 _____

出票日期 2018 年 11 月 20 日

收款人：大连华昌电子城

金　额：￥68 440.00

用　途：购买办公设备

单位主管　　会计

大连银行
BANK OF DALIAN
转账支票
10205120
10565214

出票日期（大写）贰零壹捌年壹拾壹月贰拾日
收款人：大连华昌电子城

付款行名称：大连银行夏泊支行
出票人账号：800000208002222

人民币(大写)　陆万捌仟肆佰肆拾元整

亿	千	百	十	万	千	百	十	元	角	分
			￥	6	8	4	4	0	0	0

付款限自出票之日起十天

用途 购买办公设备
上列款项请从
我账户内支付
出票人签章

密码 7606 6328 7184 9931
行号 102651002365

复核　　　　记账

大连华枫家具制造有限公司
财务专用章

飞夏印羽

业务 2.10-44/53

固定资产验收单

申购单位：办公室　　　　　　　2018 年 11 月 20 日　　　　　　　验收单号：18201

品名	数量	单价（元）	金额（元）	备注
电脑	2 台	4 000.00	8 000.00	办公室
电脑	4 台	4 000.00	16 000.00	财务部
电脑	2 台	4 000.00	8 000.00	人力资源部
电脑	2 台	4 000.00	8 000.00	生产部
电脑	1 台	4 000.00	4 000.00	采购部
电脑	1 台	4 000.00	4 000.00	仓储部
扫描复印一体机	1 台	5 000.00	5 000.00	办公室
针式打印机	1 台	2 000.00	2 000.00	财务部
合计			55 000.00	

验收人签章：罗雪青

业务 2.10-45/53

低值易耗品验收单

申购单位：办公室　　　　　　　2018 年 11 月 20 日　　　　　　　验收单号：18202

品名	数量	单价（元）	金额（元）	备注
打印机	1 台	1 000.00	1 000.00	办公室
打印机	1 台	1 000.00	1 000.00	财务部
打印机	1 台	1 000.00	1 000.00	人力资源部
打印机	1 台	1 000.00	1 000.00	生产部
合计			4 000.00	

验收人签章：罗雪青

业务 2.10-46/53

低值易耗品领用单

申购单位：办公室　　　　　　　　　　　　　　　　　　　　　　　　领用单号：18234

名　　称	打印机			规格型号	
销 售 商	大连华昌电子城			购置日期	2018.11.20
单　　价	1 000	数量	1	计量单位	台
发 票 号				货到日期	2018.11.20
采 购 人	马天啸	领用人	罗雪青	验收日期	2018.11.20
随机资料					
领用部门	办公室				

业务 2.10-47/53

低值易耗品领用单

申购单位：办公室　　　　　　　　　　　　　　　　　　　　　　　　领用单号：18235

名　　称	打印机			规格型号	
销 售 商	大连华昌电子城			购置日期	2018.11.20
单　　价	1 000	数量	1	计量单位	台
发 票 号				货到日期	2018.11.20
采 购 人	马天啸	领用人	赵轩	验收日期	2018.11.20
随机资料					
领用部门	财务部				

业务 2.10-48/53

低值易耗品领用单

申购单位：办公室 领用单号：18236

名　　称	打印机			规格型号	
销　售　商	大连华昌电子城			购置日期	2018.11.20
单　　价	1 000	数　量	1	计量单位	台
发　票　号				货到日期	2018.11.20
采　购　人	马天啸	领用人	胡美玲	验收日期	2018.11.20
随机资料					
领用部门	人力资源部				

业务 2.10-49/53

低值易耗品领用单

申购单位：办公室 领用单号：18237

名　　称	打印机			规格型号	
销　售　商	大连华昌电子城			购置日期	2018.11.20
单　　价	1 000	数　量	1	计量单位	台
发　票　号				货到日期	2018.11.20
采　购　人	马天啸	领用人	谭世俊	验收日期	2018.11.20
随机资料					
领用部门	生产部				

业务 2.10-50/53

2200210610

2200210610

大连增值税专用发票　　№07462542　　07462542

校验码 51283 28253 68794 39187

开票日期：2018 年 11 月 20 日

购买方	名　　称：大连华枫家具制造有限公司
	纳税人识别号：9121021177770111H
	地址、电话：大连市甘井子区夏泊路 108 号 0411-82140000
	开户行及账号：大连银行夏泊支行 800000208002222

密码区　（略）

货物或应税劳务、服务名称	规格型号	单位	数量	单价	金额	税率	税额
*纸制品*办公文具							
（详见购物清单）		批	1	600.0000	600.00	16%	96.00
*文具*办公文具							
（详见购物清单）		批	1	160.0000	160.00	16%	25.60
合计					￥760.00		￥121.60

| 价税合计（大写） | ⊗捌佰捌拾壹元陆角整 | （小写）￥881.60 |

销售方	名　　称：大连办公用品制作有限公司
	纳税人识别号：9121020258856264S
	地址、电话：大连市西岗区青年路 10 号 0411-83633346
	开户行及账号：中国工商银行大连沙河口支行 2102021212533321662

备注

大连办公用品制作有限公司
9121020258856264S
发票专用章

收款人：马丽　　　复核：李婷　　　开票人：李爽　　　销售方：（章）

第二联：抵扣联　购买方扣税凭证

业务 2.10-51/53

2200210610

2200210610

大连增值税专用发票　　№07462542　　07462542

校验码 51283 28253 68794 39187

开票日期：2018 年 11 月 20 日

购买方	名　　称：大连华枫家具制造有限公司
	纳税人识别号：9121021177770111H
	地址、电话：大连市甘井子区夏泊路 108 号 0411-82140000
	开户行及账号：大连银行夏泊支行 800000208002222

密码区　（略）

货物或应税劳务、服务名称	规格型号	单位	数量	单价	金额	税率	税额
*纸制品*办公文具							
（详见购物清单）		批	1	600.0000	600.00	16%	96.00
*文具*办公文具							
（详见购物清单）		批	1	160.0000	160.00	16%	25.60
合计					￥760.00		￥121.60

| 价税合计（大写） | ⊗捌佰捌拾壹元陆角整 | （小写）￥881.60 |

销售方	名　　称：大连办公用品制作有限公司
	纳税人识别号：9121020258856264S
	地址、电话：大连市西岗区青年路 10 号 0411-83633346
	开户行及账号：中国工商银行大连沙河支行 2102021212533321662

备注

大连办公用品制作有限公司
9121020258856264S
发票专用章

收款人：马丽　　　复核：李婷　　　开票人：李爽　　　销售方：（章）

第三联：发票联　购买方记账凭证

业务 2.10-52/53

销售货物或提供应税劳务、服务清单

购买方名称：大连华枫家具制造有限公司

销售方名称：大连办公用品制作有限公司

所属增值税专用发票代票：2200210610

号码：07462542

共1页第1页

序号	商品或商务名称	计量单位	数量	单价	金额										税率	税额								
					百	十	万	千	百	十	元	角	分		百	十	万	千	百	十	元	角	分
1	打印纸	箱	3	200					6	0	0	0	0	16%						9	6	0	0
2	笔	盒	10	6					6	0	0	0	0	16%							9	6	0
3	夹子	盒	10	8					8	0	0	0	0	16%						1	2	8	0
4	涂改液	瓶	10	2					2	0	0	0	0	16%							3	2	0
	合计							7	6	0	0	0							1	2	1	6	0

销售方（章）：

填开日期：2018年11月20日

业务 2.10-53/53

大连银行 转账支票存根 **10205120** 10565215 附加信息 出票日期 2018 年 11 月 20 日 收款人：大连办公用品制作有限公司 金 额：￥881.60 用 途：购买办公用品 单位主管 会计

连 **大连银行**
BANK OF DALIAN 转账支票 **10205120** 10565215

出票日期（大写）贰零壹捌年壹拾壹月贰拾日　　付款行名称：大连银行夏泊支行

收款人：大连办公用品制作有限公司　　出票人账号：800000208002222

人民币 （大写）	捌佰捌拾壹元陆角整	亿	千	百	十	万	千	百	十	元	角	分
							￥	8	8	1	6	0

用途 购买办公用品

上列款项请从我账户内支付

出票人签章

付款期限自出票之日起十天

密码 7606 6328 7184 8822

行号 102651002365

复核　　　　记账

业务 2.11-1/6

大连银行 电汇凭证 （回单）　1
BANK OF DALIAN

☑普通　□加急

委托日期 2018 年 11 月 20 日

16345531

汇款人	全　称	大连华枫家具制造有限公司	收款人	全　称	吉林木工机械有限公司
	账　号	800000208002222		账　号	22010144233203331
	汇出地点	辽宁省大连市/县		汇入地点	吉林省吉林市/县
汇出行名称		大连银行夏泊支行	汇入行名称		中国建设银行吉林越山分理处

| 金额 | 人民币（大写） | 伍拾捌万元整 | 亿 | 千 | 百 | 十 | 万 | 千 | 百 | 十 | 元 | 角 | 分 |
| | | | | | ￥ | 5 | 8 | 0 | 0 | 0 | 0 | 0 | 0 |

大连银行夏泊支行

2018 年 11 月 20 日

转讫

支付密码

附加信息及用途：
支付定金

汇出行签章　　　　复核：　　　记账：

此联汇出行给汇款人的回单

- -

业务 2.11-2/6

2201061551

2201061551

大连增值税专用发票　№50211325　50211325

校验码 73218 28029 50233 28313

开票日期：2018 年 11 月 20 日

购买方	名　　称	大连华枫家具制造有限公司	密码区	（略）
	纳税人识别号	9121021177700111H		
	地址、电话	大连市甘井子区夏泊路 108 号 0411-82140000		
	开户行及账号	大连银行夏泊支行 800000208002222		

货物或应税劳务、服务名称	规格型号	单位	数量	单价	金额	税率	税额
*现代服务*手续费			1	47.1700	47.17	6%	2.83
合计					￥47.17		￥2.83

| 价税合计（大写） | ⊗伍拾元整 | （小写）￥50.00 |

销售方	名　　称	大连银行夏泊支行	备注	大连银行夏泊支行 91340700099501541E 发票专用章
	纳税人识别号	91340700099501541E		
	地址、电话	大连市大华路 2 号 0411-88668866		
	开户行及账号	大连银行夏泊支行 5100232656302698450		

收款人：明森　　复核：吴浩　　开票人：林丽　　销售方：（章）

第二联：抵扣联　购买方扣税凭证

业务 2.11-3/6

2201061551

2201061551

校验码 73218 28209 50233 28313

大连增值税专用发票　№50211325　50211325

开票日期：2018 年 11 月 20 日

购买方	名　称：大连华枫家具制造有限公司 纳税人识别号：91210211777700111H 地址、电话：大连市甘井子区夏泊路108号 0411-82140000 开户行及账号：大连银行夏泊支行 800000208002222	密码区	（略）

货物或应税劳务、服务名称	规格型号	单位	数量	单价	金额	税率	税额
*现代服务*手续费			1	47.1700	47.17	6%	2.83
合计					￥47.17		￥2.83

价税合计（大写）⊗伍拾元整　（小写）￥50.00

销售方	名　称：大连银行夏泊支行 纳税人识别号：91340700099501541E 地址、电话：大连市大华路2号 0411-88668866 开户行及账号：大连银行夏泊支行 5100232656302698450	备注	大连银行夏泊支行 91340700099501541E 发票专用章

收款人：明森　复核：吴浩　开票人：林丽　销售方：（章）

第三联：发票联　购买方记账凭证

业务 2.11-4/6

2200210610

2200210610

校验码 51283 28253 68794 39187

吉林增值税专用发票　№07462234　07462234

开票日期：2018 年 11 月 20 日

购买方	名　称：大连华枫家具制造有限公司 纳税人识别号：91210211777700111H 地址、电话：大连市甘井子区夏泊路108号 0411-82140000 开户行及账号：大连银行夏泊支行 800000208002222	密码区	（略）

货物或应税劳务、服务名称	规格型号	单位	数量	单价	金额	税率	税额
*通用设备*家具自动生产线		套	2	250 000.0000	500 000.00	16%	80 000.00
合计					￥500 000.00		￥80 000.00

价税合计（大写）⊗伍拾捌万元整　（小写）￥580 000.00

销售方	名　称：吉林木工机械有限公司 纳税人识别号：91220104423203331G 地址、电话：吉林市越山路101号 0432-62231789 开户行及账号：中国建设银行吉林越山分理处 2201044233203331	备注	吉林木工机械有限公司 91220104423203331G 发票专用章

收款人：甄妮　复核：吴佳　开票人：李阳　销售方：（章）

第二联：抵扣联　购买方扣税凭证

业务 2.11-5/6

	吉林增值税专用发票	№07462234	2200210610

2200210610

校验码 51283 28253 68794 39187　　　　开票日期：2018 年 11 月 20 日

购买方	名　　　称：大连华枫家具制造有限公司	密码区	（略）
	纳税人识别号：91210211777700111H		
	地址、电话：大连市甘井子区夏泊路 108 号 0411-82140000		
	开户行及账号：大连银行夏泊支行 800000208002222		

货物或应税劳务、服务名称	规格型号	单位	数量	单价	金额	税率	税额
*通用设备*家具自动生产线		套	2	250 000.0000	500 000.00		80 000.00
合计					￥500 000.00		￥80 000.00

价税合计（大写）	⊗伍拾捌万元整	（小写）￥580 000.00

销售方	名　　　称：吉林木工机械有限公司	备注	
	纳税人识别号：91220104423203331G		
	地址、电话：吉林市越山路 101 号 0432-62231789		
	开户行及账号：中国建设银行吉林越山分理处 220104423203331		

收款人：甄妮　　　　　复核：吴佳　　　　　开票人：李阳　　　　　销售方：（章）

第三联：发票联　购买方记账凭证

业务 2.11-6/6

固定资产验收单

申购单位：生产车间　　　　　2018 年 11 月 20 日　　　　　验收单号：18113

品名	数量	单价（元）	金额（元）	备注
家具自动生产线	2 条	250 000.00	500 000.00	生产车间
合计			500 000.00	

验收人签章：谭世俊

业务 2.12-1/4

2200210610

2200210610

大连增值税专用发票　　№07460543　　07460543

校验码 51283 28253 68794 31787　　　　　　　开票日期：2018 年 11 月 21 日

购买方	名　　称：大连华枫家具制造有限公司 纳税人识别号：91210211777700111H 地址、电话：大连市甘井子区夏泊路 108 号 0411-82140000 开户行及账号：大连银行夏泊支行 800000208002222	密码区	（略）			

货物或应税劳务、服务名称	规格型号	单位	数量	单价	金额	税率	税额
*机动车*厢式货车		辆	1	200 000.0000	200 000.00	16%	32 000.00
合　计					￥200 000.00		￥32 000.00

价税合计（大写）	⊗贰拾叁万贰仟元整	（小写）￥232 000.00

销售方	名　　称：大连卡车之家 纳税人识别号：9121020232245621S 地址、电话：大连市沙河口区西南路 200 号 0411-84528355 开户行及账号：中国农业银行大连沙河口分行 210202214356789015	备注	大连卡车之家 9121020232245621S 发票专用章 销售方（章）

收款人：佟冬冬　　　复核：项远　　　开票人：温雯雯

第二联：抵扣联　购买方扣税凭证

业务 2.12-2/4

2200210610

2200210610

大连增值税专用发票　　№07460543　　07460543

校验码 51283 28253 68794 39787　　　　　　　开票日期：2018 年 11 月 21 日

购买方	名　　称：大连华枫家具制造有限公司 纳税人识别号：91210211777700111H 地址、电话：大连市甘井子区夏泊路 108 号 0411-82140000 开户行及账号：大连银行夏泊支行 800000208002222	密码区	（略）			

货物或应税劳务、服务名称	规格型号	单位	数量	单价	金额	税率	税额
*机动车*厢式货车		辆	1	200 000.0000	200 000.00	16%	32 000.00
合　计					￥200 000.00		￥32 000.00

价税合计（大写）	⊗贰拾叁万贰仟元整	（小写）￥232 000.00

销售方	名　　称：大连卡车之家 纳税人识别号：91210202245621S 地址、电话：大连市沙河口区西南路 200 号 0411-84528355 开户行及账号：中国农业银行大连沙河口分行 210202214356789015	备注	大连卡车之家 91210202245621S 发票专用章 销售方（章）

收款人：佟冬冬　　　复核：项远　　　开票人：温雯雯

第三联：发票联　购买方记账凭证

业务 2.12-3/4

大连银行
转账支票存根
10205120
10565216

附加信息_____

出票日期 2018 年 11 月 21 日
收款人：大连卡车之家
金 额：￥232 000.00
用 途：购买货车

单位主管 会计

连 **大连银行**
BANK OF DALIAN **转账支票** 10205120
10565216

出票日期（大写）贰零壹捌年壹拾壹月贰拾壹日
收款人：大连卡车之家

付款行名称：大连银行夏泊支行
出票人账号：800000208002222

	亿	千	百	十	万	千	百	十	元	角	分
人民币（大写）贰拾叁万贰仟元整			￥	2	3	2	0	0	0	0	0

付款期限自出票之日起十天

用途购买货车
上列款项请从我账户内支付

密码 7606 6328 7184 8821
行号 102651002365

出票人签章 复核 记账

业务 2.12-4/4

固定资产验收单

申购单位：销售部门   2018 年 11 月 21 日   验收单号：18104

品名	数量	单价（元）	金额（元）	备注
厢式货车	1 辆	200 000.00	200 000.00	销售部门
合计			200 000.00	

验收人签章：宫小威

业务 2.13-1/4

2200210610

大连增值税专用发票 №07460544   07460544   2200210610

校验码 51283 28253 68794 31787   开票日期：2018 年 11 月 21 日

购买方	名 称：大连华枫家具制造有限公司 纳税人识别号：91210211777700111H 地址、电话：大连市甘井子区夏泊路 108 号 0411-82140000 开户行及账号：大连银行夏泊支行 800000208002222	密码区	（略）

货物或应税劳务、服务名称	规格型号	单位	数量	单价	金额	税率	税额
*机动车*轿车		辆	1	150 000.00	150 000.00	16%	24 000.00
合计					￥150 000.00		￥24 000.00

价税合计（大写）⊗壹拾柒万肆仟元整   （小写）￥174 000.00

销售方	名 称：大连滨海汽车销售中心 纳税人识别号：9121020653245654S 地址、电话：大连市沙河口区西南路 12 号 0411-84526488 开户行及账号：中国农业银行大连沙河口支行 210204114356785021	备注	大连滨海汽车销售中心 9121020653245654S 发票专用章

收款人：张旭   复核：奥翔   开票人：李颖   销售方：（章）

第二联：抵扣联 购买方扣税凭证

业务 2.13-2/4

2200210610

2200210610

大连增值税专用发票　　№07460544

07460544

校验码 51283 28253 68794 31787　　　　　开票日期：2018 年 11 月 21 日

购买方	名　　称：大连华枫家具制造有限公司 纳税人识别号：91210211777700111H 地址、电话：大连市甘井子区夏泊路 108 号 0411-82140000 开户行及账号：大连银行夏泊支行 800000208002222	密码区	（略）

货物或应税劳务、服务名称	规格型号	单位	数量	单价	金额	税率	税额
*机动车*轿车		辆	1	150 000.00	150 000.00	16%	24 000.00
合　计					￥150 000.00		￥24 000.00

价税合计（大写）	⊗壹拾柒万肆仟元整	（小写）￥174 000.00

销售方	名　　称：大连滨海汽车销售中心 纳税人识别号：9121020653245654S 地址、电话：大连市沙河口区西南路 12 号 0411-84526488 开户行及账号：中国农业银行大连沙河口支行 210204114356785021	备注	大连滨海汽车销售中心 9121020653245654S 发票专用章

收款人：张旭　　　复核：奥翔　　　开票人：李颖　　　销售方：（章）

第三联：发票联　购买方记账凭证

业务 2.13-3/4

大连银行 转账支票存根 **10205120** 10565217	
附加信息	
出票日期 2018 年 11 月 21 日	
收款人：大连滨海汽车销 售中心	
金　额：￥174 000.00	
用　途：购买轿车	
单位主管　　　会计	

大连银行 BANK OF DALIAN　　**转账支票**　　10205120
10565217

出票日期（大写）贰零壹捌年壹拾壹月贰拾壹日　　　付款行名称：大连银行夏泊支行
收款人：大连滨海汽车销售中心　　　　　　　　　出票人账号：800000208002222

人民币 （大写）	壹拾柒万肆仟元整	亿	千	百	十	万	千	百	十	元	角	分
				￥	1	7	4	0	0	0	0	0

用途购买轿车　　　　　　　　　密码 7606 6328 7184 8223
上列款项请从　　　　　　　　　行号 102651002365
我账户内支付

出票人签章　　　　　　　复核　　　　　记账

付款期限自出票之日起十天

业务 2.13-4/4

固定资产验收单

申购单位：办公室　　　2018 年 11 月 21 日　　　验收单号：18115

品名	数量	单价（元）	金额（元）	备注
轿车	1 辆	150 000.00	150 000.00	办公室
合　计			150 000.00	

验收人签章：罗雪青

业务 2.14-1/8

2200210610					2200210610				

2200210610　　　　　大连增值税专用发票　　№07463141　　**07463141**

校验码 51283 28253 68794 49787　　　　　　　　　　　开票日期：2018 年 11 月 22 日

购买方	名　　　称：大连华枫家具制造有限公司 纳税人识别号：91210211777700111H 地址、电话：大连市甘井子区夏泊路 108 号 0411-82140000 开户行及账号：大连银行夏泊支行 800000208002222	密码区	（略）

货物或应税劳务、服务名称	规格型号	单位	数量	单价	金额	税率	税额
*木制品*18mm 装饰板		米	10 000	20.0000	200 000.00	16%	32 000.00
*木制品*15mm 装饰板		米	10 000	18.0000	180 000.00	16%	28 800.00
*金属制品*支架		个	20 000	6.0000	120 000.00	16%	19 200.00
*金属制品*固定底座		个	20 000	5.0000	100 000.00	16%	16 000.00
*黑色金属冶炼压延品*方钢管		米	12 000	8.0000	96 000.00	16%	15 360.00
*木制品*5mm 装饰板		米	10 000	6.0000	60 000.00	16%	9 600.00
合计					￥756 000.00		￥120 960.00

价税合计（大写）　⊗捌拾柒万陆仟玖佰陆拾元整　　　　　（小写）￥876 960.00

销售方	名　　　称：大连甘泉建材公司 纳税人识别号：9121020212345963S 地址、电话：大连市甘区锦华路 9 号 0411-86565888 开户行及账号：中信银行大连沙河口支行 21020212345555009	备注	大连甘泉建材公司 9121020212345963S 发票专用章

收款人：王波　　复核：张强　　开票人：刘晓　　销售方：（发票专用章）

第二联：抵扣联　购买方扣税凭证

业务 2.14-2/8

2200210610					2200210610				

2200210610　　　　　大连增值税专用发票　　№07463141　　**07463141**

校验码 51283 28253 68794 49787　　　　　　　　　　　开票日期：2018 年 11 月 22 日

购买方	名　　　称：大连华枫家具制造有限公司 纳税人识别号：91210211777700111H 地址、电话：大连市甘井子区夏泊路 108 号 0411-82140000 开户行及账号：大连银行夏泊支行 800000208002222	密码区	（略）

货物或应税劳务、服务名称	规格型号	单位	数量	单价	金额	税率	税额
*木制品*18mm 装饰板		米	10 000	20.0000	200 000.00	16%	32 000.00
*木制品*15mm 装饰板		米	10 000	18.0000	180 000.00	16%	28 800.00
*金属制品*支架		个	20 000	6.0000	120 000.00	16%	19 200.00
*金属制品*固定底座		个	20 000	5.0000	100 000.00	16%	16 000.00
*黑色金属冶炼压延品*方钢管		米	12 000	8.0000	96 000.00	16%	15 360.00
*木制品*5mm 装饰板		米	10 000	6.0000	60 000.00	16%	9 600.00
合计					￥756 000.00		￥120 960.00

价税合计（大写）　⊗捌拾柒万陆仟玖佰陆拾元整　　　　　（小写）￥876 960.00

销售方	名　　　称：大连甘泉建材公司 纳税人识别号：9121020212345963S 地址、电话：大连市甘区锦华路 9 号 0411-86565888 开户行及账号：中信银行大连沙河口支行 21020212345555009	备注	大连甘泉建材公司 9121020212345963S 发票专用章

收款人：王波　　复核：张强　　开票人：刘晓　　销售方：（发票专用章）

第三联：发票联　购买方记账凭证

业务 2.14-3/8

大连银行
转账支票存根
10205120
10565218

附加信息
_____
_____

出票日期 2018 年 11 月 22 日

收款人：	大连甘泉建材公司
金　额：	¥876 960.00
用　途：	购买原材料

单位主管　　　会计

连 **大连银行**
BANK OF DALIAN
转账支票
10205120
10565218

出票日期（大写）贰零壹捌年壹拾壹月贰拾贰日
收款人：大连甘泉建材公司

付款行名称：大连银行夏泊支行
出票人账号：800000208002222

人民币（大写）	捌拾柒万陆仟玖佰陆拾元整	亿	千	百	十	万	千	百	十	元	角	分
				¥	8	7	6	9	6	0	0	0

用途购买原材料
上列款项请从我账户内支付

密码 7606 6328 7184 9223
行号 102651002365

出票人签章　　　　　　复核　　　　　记账

付款期限自出票之日起拾天

业务 2.14-4/8

材料入库单

供应单位：大连甘泉建材公司　　　　　　　　　　　　　入库单编号：001
申购单位：大连华枫家具制造有限公司　2018 年 11 月 22 日　　收料仓库：原材料库

编号	名称	规格	单位	数量		实际成本			
						买价		运杂费	其他	合计
				应收	实收	单价	金额			
1	18mm 装饰板		米	10 000.00	10 000.00	20.00	200 000.00			200 000.00
2	15mm 装饰板		米	10 000.00	10 000.00	18.00	180 000.00			180 000.00
3	支架		个	20 000.00	20 000.00	6.00	120 000.00			120 000.00
4	固定底座		个	20 000.00	20 000.00	5.00	100 000.00			100 000.00
5	方钢管		米	12 000.00	12 000.00	8.00	96 000.00			96 000.00
6	5mm 装饰板		米	10 000.00	10 000.00	6.00	60 000.00			60 000.00
合计							756 000.00			756 000.00

审核人：王清清　　　　财务负责人审核：赵轩　　　　经办人：刘天娇

业务 2.14-5/8

2200210610

2200210610

大连增值税专用发票　　　№07463334　　**07463334**

校验码 51283 28253 68794 09787　　开票日期：2018 年 11 月 22 日

购买方	名　　称：大连华枫家具制造有限公司 纳税人识别号：91210211777700111H 地址、电话：大连市甘井子区夏泊路 108 号 0411-82140000 开户行及账号：大连银行夏泊支行 800000208002222	密码区	（略）

货物或应税劳务、服务名称	规格型号	单位	数量	单价	金额	税率	税额
*金属制品*螺栓螺母		个	120 000	0.0500	6 000.00	16%	960.00
*金属制品*螺钉		盒	400	5.0000	2 000.00	16%	320.00
*涂料*油漆		千克	200	10.0000	2 000.00	16%	320.00
*密封用填料*封边条		米	20 000	0.0200	400.00	16%	64.00
*化学合成材料*黏合剂		盒	70	10.0000	700.00	16%	112.00
*纸制品*二人桌包装纸箱		个	4 000	5.0000	20 000.00	16%	3 200.00
*纸制品*三人桌包装纸箱		个	4 000	8.0000	32 000.00	16%	5 120.00
合计					￥63 100.00		￥10 096.00

价税合计（大写）	⊗柒万叁仟壹佰玖拾陆元整	（小写）￥73 196.00

销售方	名　　称：大连艺海装饰材料公司 纳税人识别号：9121020212369666H 地址、电话：大连市西岗区香海街 11 号 0411-86561111 开户行及账号：中信银行大连沙河口分行 21020212345559003	备注	大连艺海装饰材料公司 9121020212369666H 发票专用章

收款人：王岩　　　　复核：郑敏　　　　开票人：李丽　　　　销售方：（章）

业务 2.14-6/8

2200210610

2200210610

大连增值税专用发票　　　№07463334　　**07463334**

校验码 51283 28253 68794 09787　　开票日期：2018 年 11 月 22 日

购买方	名　　称：大连华枫家具制造有限公司 纳税人识别号：91210211777700111H 地址、电话：大连市甘井子区夏泊路 108 号 0411-82140000 开户行及账号：大连银行夏泊支行 800000208002222	密码区	（略）

货物或应税劳务、服务名称	规格型号	单位	数量	单价	金额	税率	税额
*金属制品*螺栓螺母		个	120 000	0.0500	6 000.00	16%	960.00
*金属制品*螺钉		盒	400	5.0000	2 000.00	16%	320.00
*涂料*油漆		千克	200	10.0000	2 000.00	16%	320.00
*密封用填料*封边条		米	20 000	0.0200	400.00	16%	64.00
*化学合成材料*黏合剂		盒	70	10.0000	700.00	16%	112.00
*纸制品*二人桌包装纸箱		个	4 000	5.0000	20 000.00	16%	3 200.00
*纸制品*三人桌包装纸箱		个	4 000	8.0000	32 000.00	16%	5 120.00
合计					￥63 100.00		￥10 096.00

价税合计（大写）	⊗柒万叁仟壹佰玖拾陆元整	（小写）￥73 196.00

销售方	名　　称：大连艺海装饰材料公司 纳税人识别号：9121020212369666H 地址、电话：大连市西岗区香海街 11 号 0411-86561111 开户行及账号：中信银行大连沙河口分行 21020212345559003	备注	大连艺海装饰材料公司 9121020212369666H 发票专用章

收款人：王岩　　　　复核：郑敏　　　　开票人：李丽　　　　销售方：（章）

业务 2.15-1/2

领料单

领料部门：生产车间-板材切割组-二人桌　　　　2018 年 11 月 23 日　　　　第 001 号

编号	材料名称	规格	单位	请领数量	实发数量	单价	金额
1	18mm 装饰板		米	1 000		20.00	20 000.00
2	15mm 装饰板		米	1 000		18.00	18 000.00
3	支架		个	2 000		6.00	12 000.00
4	固定底座		个	2 000		5.00	10 000.00
5	方钢管		米	1 200		8.00	9 600.00
6	5mm 装饰板		米	1 000		6.00	6 000.00
13	螺栓螺母		个	12 000		0.05	600.00
14	螺钉		盒	40		5.00	200.00
15	油漆		千克	20		10.00	200.00
16	封边条		米	2 400		0.02	48.00
17	黏合剂		盒	10		10.00	100.00
18	二人桌包装纸箱		个	1 000		5.00	5 000.00
合计							81 748.00

用途	生产二人桌	领料部门		发料部门	
		负责人	领料人	核准人	发料人
		谭世俊	郑旭飞	王清清	刘天娇

业务 2.15-2/2

领料单

领料部门：生产车间-板材切割组-三人桌　　　　2018 年 11 月 23 日　　　　第 002 号

编号	材料名称	规格	单位	请领数量	实发数量	单价	金额
1	18mm 装饰板		米	1 500		20.00	30 000.00
2	15mm 装饰板		米	1 500		18.00	27 000.00
3	支架		个	3 000		6.00	18 000.00
4	固定底座		个	3 000		5.00	15 000.00
5	方钢管		米	1 800		8.00	14 400.00
6	5mm 装饰板		米	1 500		6.00	9 000.00
13	螺栓螺母		个	18 000		0.05	900.00
14	螺钉		盒	60		5.00	300.00
15	油漆		千克	30		10.00	300.00
16	封边条		米	2 400		0.02	48.00
17	黏合剂		盒	10		10.00	100.00
18	三人桌包装纸箱		个	1 000		8.00	8 000.00
合计							123 048.00

用途	生产三人桌	领料部门		发料部门	
		负责人	领料人	核准人	发料人
		谭世俊	郑旭飞	王清清	刘天娇

业务 2.16-1/4

2200210610

2200210610

校验码 51283 28253 68794 19787

大连增值税专用发票　　№07463229　　07463229

开票日期：2018 年 11 月 27 日

购买方	名　称：大连华枫家具制造有限公司
	纳税人识别号：91210211777700111H
	地址、电话：大连市甘井子区夏泊路 108 号 0411-82140000
	开户行及账号：大连银行夏泊支行 800000208002222

密码区　　（略）

货物或应税劳务、服务名称	规格型号	单位	数量	单价	金额	税率	税额
*软件*财务软件		套	1	20 000.0000	20 000.00	16%	3 200.00
合计					￥20 000.00		￥3 200.00

价税合计（大写）　⊗贰万叁仟贰佰元整　　（小写）￥23 200.00

销售方	名　称：大连科苑科技有限公司
	纳税人识别号：91210202123695611S
	地址、电话：大连市西岗区香工街 67 号 0411-85461112
	开户行及账号：中信银行大连沙河口分行 210202543215599301

备注：大连科苑科技有限公司 91210202123695611S 发票专用章

收款人：刘华　　复核：赵鹏　　开票人：李雪　　销售方：（章）

第二联：抵扣联　购买方扣税凭证

业务 2.16-2/4

2200210610

2200210610

校验码 51283 28253 68794 19787

大连增值税专用发票　　№07463229　　07463229

开票日期：2018 年 11 月 27 日

购买方	名　称：大连华枫家具制造有限公司
	纳税人识别号：91210211777700111H
	地址、电话：大连市甘井子区夏泊路 108 号 0411-82140000
	开户行及账号：大连银行夏泊支行 800000208002222

密码区　　（略）

货物或应税劳务、服务名称	规格型号	单位	数量	单价	金额	税率	税额
*软件*财务软件		套	1	20 000.0000	20 000.00	16%	3 200.00
合计					￥20 000.00		￥3 200.00

价税合计（大写）　⊗贰万叁仟贰佰元整　　（小写）￥23 200.00

销售方	名　称：大连科苑科技有限公司
	纳税人识别号：91210202123695611S
	地址、电话：大连市西岗区香工街 67 号 0411-85461112
	开户行及账号：中信银行大连沙河口分行 210202543215599301

备注：大连科苑科技有限公司 91210202123695611S 发票专用章

收款人：刘华　　复核：赵鹏　　开票人：李雪　　销售方：（章）

第三联：发票联　购买方记账凭证

业务 2.16-3/4

大连银行
转账支票存根
10205120
10565220

附加信息

出票日期 2018 年 11 月 27 日

收款人：大连科苑科技
　　　　有限公司

金　额：￥23 200.00

用　途：购买财务软件

单位主管　　会计

付款期限自出票之日起十天

连 大连银行 BANK OF DALIAN　　转账支票　　10205120
10565220

出票日期（大写）贰零壹捌年壹拾壹月贰拾柒日
收款人：大连科苑科技有限公司

付款行名称：大连银行夏泊支行
出票人账号：800000208002222

人民币（大写）贰万叁仟贰佰元整

亿	千	百	十	万	千	百	十	元	角	分
			￥	2	3	2	0	0	0	0

用途 购买财务软件
上列款项请从
我账户内支付

密码 7606 6328 7184 8123
行号 102651002365

出票人签章　　　　　复核　　　　记账

业务 2.16-4/4

无形资产验收单

申购单位：财务部　　　　2018 年 11 月 27 日　　　　验收单号：18106

品名	数量	单价（元）	金额（元）	备注
财务软件	1套	20 000.00	20 000.00	办公室
合计			20 000.00	

验收人签章：赵轩

业务 2.17

工资计算表

部门编号	部门名称	员工编号	员工姓名	工资总额	养老保险 19%	养老保险 8%	医疗保险 10%	医疗保险 2%	失业保险 0.8%	失业保险 0.2%	生育保险 0.8%	工伤保险 0.2%	住房公积金	小计	个人所得税	实发工资
01	办公室	101	夏羽飞	6 000.00	1 140.00	480.00	600.00	120.00	48.00	12.00	48.00	12.00	720.00	4 668.00		4 668.00
01	办公室	102	罗雪青	4 000.00	760.00	320.00	400.00	80.00	32.00	8.00	32.00	8.00	480.00	3 112.00		3 112.00
01	办公室	103	黄小娟	3 000.00	570.00	240.00	300.00	60.00	24.00	6.00	24.00	6.00	360.00	2 334.00		2 334.00
01	办公室	104	魏庆峰	3 000.00	570.00	240.00	300.00	60.00	24.00	6.00	24.00	6.00	360.00	2 334.00		2 334.00
01	办公室	105	杨咏	3 000.00	570.00	240.00	300.00	60.00	24.00	6.00	24.00	6.00	360.00	2 334.00		2 334.00
02	生产车间	201	谭世俊	4 000.00	760.00	320.00	400.00	80.00	32.00	8.00	32.00	8.00	480.00	3 112.00		3 112.00
02	生产车间	202	钱忠坤	3 500.00	665.00	280.00	350.00	70.00	28.00	7.00	28.00	7.00	420.00	2 723.00		2 723.00
02	生产车间	203	郑旭飞	3 000.00	570.00	240.00	300.00	60.00	24.00	6.00	24.00	6.00	360.00	2 334.00		2 334.00
02	生产车间	204	郭新鑫	3 000.00	570.00	240.00	300.00	60.00	24.00	6.00	24.00	6.00	360.00	2 334.00		2 334.00
02	生产车间	205	宫为维	3 000.00	570.00	240.00	300.00	60.00	24.00	6.00	24.00	6.00	360.00	2 334.00		2 334.00
02	生产车间	206	于旭晖	3 000.00	570.00	240.00	300.00	60.00	24.00	6.00	24.00	6.00	360.00	2 334.00		2 334.00
02	生产车间	207	孙有根	3 500.00	665.00	280.00	350.00	70.00	28.00	7.00	28.00	7.00	420.00	2 723.00		2 723.00
02	生产车间	208	周新方	3 000.00	570.00	240.00	300.00	60.00	24.00	6.00	24.00	6.00	360.00	2 334.00		2 334.00
02	生产车间	209	杨小健	3 000.00	570.00	240.00	300.00	60.00	24.00	6.00	24.00	6.00	360.00	2 334.00		2 334.00
02	生产车间	210	贾军侠	3 000.00	570.00	240.00	300.00	60.00	24.00	6.00	24.00	6.00	360.00	2 334.00		2 334.00
02	生产车间	211	孙有亮	3 000.00	570.00	240.00	300.00	60.00	24.00	6.00	24.00	6.00	360.00	2 334.00		2 334.00
02	生产车间	212	王小漠	3 500.00	665.00	280.00	350.00	70.00	28.00	7.00	28.00	7.00	420.00	2 723.00		2 723.00
02	生产车间	213	祖利军	3 000.00	570.00	240.00	300.00	60.00	24.00	6.00	24.00	6.00	360.00	2 334.00		2 334.00
02	生产车间	214	何爱军	3 000.00	570.00	240.00	300.00	60.00	24.00	6.00	24.00	6.00	360.00	2 334.00		2 334.00
02	生产车间	215	宋伟强	3 000.00	570.00	240.00	300.00	60.00	24.00	6.00	24.00	6.00	360.00	2 334.00		2 334.00
02	生产车间	216	赵银虎	3 000.00	570.00	240.00	300.00	60.00	24.00	6.00	24.00	6.00	360.00	2 334.00		2 334.00
02	生产车间	217	安在奇	3 500.00	665.00	280.00	350.00	70.00	28.00	7.00	28.00	7.00	420.00	2 723.00		2 723.00
02	生产车间	218	湍爱民	3 000.00	570.00	240.00	300.00	60.00	24.00	6.00	24.00	6.00	360.00	2 334.00		2 334.00
02	生产车间	219	胡雪峰	3 000.00	570.00	240.00	300.00	60.00	24.00	6.00	24.00	6.00	360.00	2 334.00		2 334.00
02	生产车间	220	杨小威	3 000.00	570.00	240.00	300.00	60.00	24.00	6.00	24.00	6.00	360.00	2 334.00		2 334.00
02	生产车间	221	马颖超	3 000.00	570.00	240.00	300.00	60.00	24.00	6.00	24.00	6.00	360.00	2 334.00		2 334.00
02	生产车间	222	盖增智	3 500.00	665.00	280.00	350.00	70.00	28.00	7.00	28.00	7.00	420.00	2 723.00		2 723.00
02	生产车间	223	马黎明	3 000.00	570.00	240.00	300.00	60.00	24.00	6.00	24.00	6.00	360.00	2 334.00		2 334.00
02	生产车间	224	祖明海	3 000.00	570.00	240.00	300.00	60.00	24.00	6.00	24.00	6.00	360.00	2 334.00		2 334.00
02	生产车间	225	姜涵涵	3 000.00	570.00	240.00	300.00	60.00	24.00	6.00	24.00	6.00	360.00	2 334.00		2 334.00
02	生产车间	226	孟子歧	3 500.00	665.00	280.00	350.00	70.00	28.00	7.00	28.00	7.00	420.00	2 723.00		2 723.00
02	生产车间	227	吕明东	3 000.00	570.00	240.00	300.00	60.00	24.00	6.00	24.00	6.00	360.00	2 334.00		2 334.00
02	生产车间	228	崔京花	3 000.00	570.00	240.00	300.00	60.00	24.00	6.00	24.00	6.00	360.00	2 334.00		2 334.00
02	生产车间	229	郭艳丽	3 500.00	665.00	280.00	350.00	70.00	28.00	7.00	28.00	7.00	420.00	2 723.00		2 723.00
02	生产车间	230	洪鸿	3 000.00	570.00	240.00	300.00	60.00	24.00	6.00	24.00	6.00	360.00	2 334.00		2 334.00
03	采购部门	301	江若岩	4 000.00	760.00	320.00	400.00	80.00	32.00	8.00	32.00	8.00	480.00	3 112.00		3 112.00
03	采购部门	302	由天明	3 500.00	665.00	280.00	350.00	70.00	28.00	7.00	28.00	7.00	420.00	2 723.00		2 723.00
03	采购部门	303	马天啸	3 000.00	570.00	240.00	300.00	60.00	24.00	6.00	24.00	6.00	360.00	2 334.00		2 334.00
03	采购部门	304	温涛	3 000.00	570.00	240.00	300.00	60.00	24.00	6.00	24.00	6.00	360.00	2 334.00		2 334.00
04	仓储部门	401	王清清	4 000.00	760.00	320.00	400.00	80.00	32.00	8.00	32.00	8.00	480.00	3 112.00		3 112.00
04	仓储部门	402	刘天娇	3 000.00	570.00	240.00	300.00	60.00	24.00	6.00	24.00	6.00	360.00	2 334.00		2 334.00
05	销售部门	501	宫小威	4 500.00	855.00	360.00	450.00	90.00	36.00	9.00	36.00	9.00	540.00	3 501.00		3 501.00
05	销售部门	502	曲立立	3 500.00	665.00	280.00	350.00	70.00	28.00	7.00	28.00	7.00	420.00	2 723.00		2 723.00
05	销售部门	503	王艳艳	3 500.00	665.00	280.00	350.00	70.00	28.00	7.00	28.00	7.00	420.00	2 723.00		2 723.00
05	销售部门	504	夏明海	3 000.00	570.00	240.00	300.00	60.00	24.00	6.00	24.00	6.00	360.00	2 334.00		2 334.00
06	财务部门	601	赵轩	5 000.00	950.00	400.00	500.00	100.00	40.00	10.00	40.00	10.00	600.00	3 890.00		3 890.00
06	财务部门	602	王云	4 000.00	760.00	320.00	400.00	80.00	32.00	8.00	32.00	8.00	480.00	3 112.00		3 112.00
06	财务部门	603	张艾佳	3 000.00	570.00	240.00	300.00	60.00	24.00	6.00	24.00	6.00	360.00	2 334.00		2 334.00
06	财务部门	604	刘涵	3 500.00	665.00	280.00	350.00	70.00	28.00	7.00	28.00	7.00	420.00	2 723.00		2 723.00
07	人力资源	701	胡美玲	4 000.00	760.00	320.00	400.00	80.00	32.00	8.00	32.00	8.00	480.00	3 112.00		3 112.00
07	人力资源	702	由天威	3 000.00	570.00	240.00	300.00	60.00	24.00	6.00	24.00	6.00	360.00	2 334.00		2 334.00
07	人力资源	703	曲艺	3 000.00	570.00	240.00	300.00	60.00	24.00	6.00	24.00	6.00	360.00	2 334.00		2 334.00
总计				174 000.00	33 060.00	13 920.00	17 400.00	3 480.00	1 392.00	348.00	1 392.00	348.00	20 880.00	135 372.00	0.00	135 372.00

业务 2.18-1/3

2200210610

2200210610

大连增值税专用发票　№07463069　07463069

成品油　　　　　　　　　　　　　　　　开票日期：2018 年 11 月 30 日

购买方	名　　　称：	大连华枫家具制造有限公司							
	纳税人识别号：	91210211777700111H							
	地址、电话：	大连市甘井子区夏泊路 108 号 0411-82140000							
	开户行及账号：	大连银行夏泊支行 800000208002222							

密码区

第二联：抵扣联　购买方扣税凭证

货物或应税劳务、服务名称	规格型号	单位	数量	单价	金额	税率	税额
*汽油*汽油	92#（V）	升	1 000	5.0000	5 000.00	16%	800.00
合　计					¥5 000.00		¥800.00

价税合计（大写）	⊗伍仟捌佰元整	（小写）¥5 800.00

销售方	名　　　称：	中国石油天然气股份有限公司大连销售分公司	备注
	纳税人识别号：	91210202123697552S	
	地址、电话：	大连市西岗区香工街 41 号 0411-85461196	
	开户行及账号：	中国工商银行大连西岗支行 21020254321559930063	

收款人：王艳　　　复核：李慧　　　开票人：侯舒婷　　　销售方：（章）

业务 2.18-2/3

2200210610

2200210610

大连增值税专用发票　№07463069　07463069

成品油　　　　　　　　　　　　　　　　开票日期：2018 年 11 月 30 日

购买方	名　　　称：	大连华枫家具制造有限公司							
	纳税人识别号：	91210211777700111H							
	地址、电话：	大连市甘井子区夏泊路 108 号 0411-82140000							
	开户行及账号：	大连银行夏泊支行 800000208002222							

密码区

第三联：发票联　购买方记账凭证

货物或应税劳务、服务名称	规格型号	单位	数量	单价	金额	税率	税额
*汽油*汽油	92#（V）	升	1 000	5.0000	5 000.00	16%	800.00
合　计					¥5 000.00		¥800.00

价税合计（大写）	⊗伍仟捌佰元整	（小写）¥5 800.00

销售方	名　　　称：	中国石油天然气股份有限公司大连销售分公司	备注
	纳税人识别号：	91210202123697552S	
	地址、电话：	大连市西岗区香工街 41 号 0411-85461196	
	开户行及账号：	中国工商银行大连西岗支行 21020254321559930063	

收款人：王艳　　　复核：李慧　　　开票人：侯舒婷　　　销售方：（章）

业务 2.18-3/3

大连银行
转账支票存根
10205120
10565223

附加信息

出票日期 2018 年 11 月 30 日

收款人：中国石油天然气股份有限公司大连销售分公司

金　额：￥5 800.00

用　途：购买汽油

单位主管　　　会计

连 **大连银行**
BANK OF DALIAN　　**转账支票**　　**10205120**　10565223

出票日期（大写）贰零壹捌年壹拾壹月叁拾日

收款人：中国石油天然气股份有限公司大连销售分公司

付款行名称：大连银行夏泊支行
出票人账号：800000208002222

人民币（大写）伍仟捌佰元整　　　￥5 800 0 0 0

亿千百十万千百十元角分

用途 购买汽油
上列款项请从我账户内支付

密码 7606 6328 7144 8121
行号 102651002365

出票人签章　　　复核　　　记账

业务 2.19

无形资产摊销单

申购单位：财务部　　　　　　2018 年 11 月 30 日

品名	数量	原价（元）	开始摊销日期	已摊销月份	摊销年限	月摊销金额
财务软件	1 套	20 000.00	2018/11/30	0.00	2 年	833.33

财务部审核：赵轩　　　总经理审核：夏羽飞　　　经办人：王云

业务 2.20-1/2

大连银行
现金支票存根
10205110
50241010

附加信息

出票日期 2018 年 11 月 30 日

收款人：大连华枫家具制造有限公司

金　额：￥20 000.00

用　途：备用金

单位主管　　　会计

连 **大连银行**
BANK OF DALIAN　　**现金支票**　　**10205110**　50241010

出票日期（大写）贰零壹捌年壹拾壹月叁拾日

收款人：大连华枫家具制造有限公司

付款行名称：大连银行夏泊支行
出票人账号：800000208002222

人民币（大写）贰万元整　　　￥2 0 0 0 0 0 0 0

亿千百十万千百十元角分

用途 备用金
上列款项请从我账户内支付

密码 2871 6384 7698 0670

出票人签章　　　复核　　　记账

业务 2.20-2/2

收 款 收 据　　NO.0002004

日期 2018 年 11 月 30 日

交款单位(个人)　大连华枫家具制造有限公司　　　　　收款方式 现金

人民币(大写)　壹万元整　　　　　　　　　　　　　¥ 10 000.00

收款事由　收到还款

第二联 收据

单位盖章　夏羽飞　　财务主管　　记账　　出纳　　审核　　经办 张艾佳

第三单元　日常经济业务处理

业务 3.1

产成品入库单

2018 年 12 月 3 日

编号	品名	包装规格	数量	生产日期	批号	检验单号
01001	二人桌		1 000	2018/12/3	01	18001
01002	三人桌		1 000	2018/12/3	01	18001

入库人：洪鸿　　　　复核人：王清清　　　　库管员：刘天娇

业务 3.2-1/2

领料单

领料部门：生产车间-板材切割组-二人桌　　2018 年 12 月 4 日　　第 003 号

编号	材料名称	规格	单位	请领数量	实发数量	单价	金额
1	18mm 装饰板		米	2 500		20.00	50 000.00
2	15mm 装饰板		米	2 500		18.00	45 000.00
3	支架		个	5 000		6.00	30 000.00
4	固定底座		个	5 000		5.00	25 000.00
5	方钢管		米	3 000		8.00	24 000.00
6	5mm 装饰板		米	2 500		6.00	15 000.00
13	螺栓螺母		个	30 000		0.05	1 500.00
14	螺钉		盒	100		5.00	500.00
15	油漆		千克	50		10.00	500.00
16	封边条		米	6 000		0.02	120.00
17	黏合剂		盒	25		10.00	250.00
18	二人桌包装纸箱		个	2 500		5.00	12 500.00
	合计						204 370.00

用途	生产二人桌	领料部门		发料部门	
		负责人	领料人	核准人	发料人
		谭世俊	郑旭飞	王清清	刘天娇

业务 3.2-2/2

领料单

领料部门：生产车间-板材切割组-三人桌　　　2018 年 12 月 4 日　　　　　　第 004 号

编号	材料名称	规格	单位	请领数量	实发数量	单价	金额
1	18mm 装饰板		米	3 750		20.00	75 000.00
2	15mm 装饰板		米	3 750		18.00	67 500.00
3	支架		个	7 500		6.00	45 000.00
4	固定底座		个	7 500		5.00	37 500.00
5	方钢管		米	4 500		8.00	36 000.00
6	5mm 装饰板		米	3 750		6.00	22 500.00
13	螺栓螺母		个	45 000		0.05	2 250.00
14	螺钉		盒	150		5.00	750.00
15	油漆		千克	75		10.00	750.00
16	封边条		米	6 000		0.02	120.00
17	黏合剂		盒	25		10.00	250.00
18	三人桌包装纸箱		个	2 500		8.00	20 000.00
	合计						307 620.00

用途	生产三人桌	领料部门		发料部门	
		负责人	领料人	核准人	发料人
		谭世俊	郑旭飞	王清清	刘天娇

业务 3.3-1/2

工资计算表

2018 年 11 月　　　　　　　　　　　　　　　　　　单位：元

部门名称	工资总额	养老保险 8%	医疗保险 2%	失业保险 0.2%	住房公积金	小计	个人所得税	实发工资
办公室	19 000.00	1 520.00	380.00	38.00	2 280.00	14 782.00		14 782.00
生产部门	94 500.00	7 560.00	1 890.00	189.00	11 340.00	73 521.00		73 521.00
采购部门	13 500.00	1 080.00	270.00	27.00	1 620.00	10 503.00		10 503.00
仓储部门	7 000.00	560.00	140.00	14.00	840.00	5 446.00		5 446.00
销售管理	14 500.00	1 160.00	290.00	29.00	1 740.00	11 281.00		11 281.00
财务部门	15 500.00	1 240.00	310.00	31.00	1 860.00	12 059.00		12 059.00
人力资源部	10 000.00	800.00	200.00	20.00	1 200.00	7 780.00		7 780.00
合计	174 000.00	13 920.00	3 480.00	348.00	20 880.00	135 372.00	0.00	135 372.00

业务 3.3-2/2

大连银行
现金支票存根
10205110
50241011

附加信息
＿＿＿＿＿＿＿＿

出票日期 2018 年 12 月 5 日

收款人：大连华枫家具制造有限公司

金　额：￥135 372.00

用　途：发放工资

管　　　会计

连 大连银行
BANK OF DALIAN　　　现金支票　　10205110　50241011

出票日期（大写）贰零壹捌年壹拾贰月零伍日　　付款行名称：大连银行夏泊支行
收款人：大连华枫家具制造有限公司　　　　　出票人账号：800000208002222

付款期限自出票之日起十天

人民币（大写）　壹拾叁万伍仟叁佰柒拾贰元整　　　亿千百十万千百十元角分
　　　　　　　　　　　　　　　　　　　　　　　￥ 1 3 5 3 7 2 0 0

用途 发放工资
上列款项请从
我账户内支付　　　　　　　　密码 2871 6384 7698 0471

出票人签章　　　　　　　　　复核　　　　记账

业务 3.4-1/2

大连银行夏泊支行

转账日期：2018-12-6

电子缴税付款凭证

凭证字号：02567036

纳税人全称及纳税人识别号：大连华枫家具制造有限公司 91210211777700111H	
付款人全称：大连华枫家具制造有限公司	
付款人账号：800000208002222	征收机关名称：大连市税务局
付款人开户银行：大连银行夏泊支行	收款国库（银行）名称：国家金库大连市支库
小写（合计）金额：￥3 129.77	缴款书交易流水号：31136505
大写（合计）金额：叁仟壹佰贰拾玖元柒角柒分	税票号码：127159191070126786

税费种名称	所属日期	实缴金额
个人所得税	20181101-20181130	0
印花税	20181101-20181130	3 129.77

大连银行夏泊支行
2018年12月06日
转讫

第 1 次打印

打印时间：20181206

第二联　作付款回单（无银行收讫章无效）　　　　　复核：　　　　　记账：

业务 3.4-2/2

印花税计算表

金额单位：元

业务号	业务类型	计税基数	税率	税额
7	资本公积	10 000 000.00	0.02500%	2 500.00
9	租房合同	100 000.00	0.01000%	10.00
10	购置固定资产	100 734.40	0.03000%	30.22
11	购置固定资产	580 000.00	0.03000%	174.00
12	购置固定资产	232 000.00	0.03000%	69.60
13	购置固定资产	174 000.00	0.03000%	52.20
14	采购原材料	950 156.00	0.03000%	285.05
16	购置财务软件	23 200.00	0.03000%	6.96
17	汽油费	5 800.00	0.03000%	1.74
合计				3 129.77

业务 3.5-1/3

住房公积金汇（补）缴书

2018 年 12 月 7 日

<table>
<tr><td rowspan="4">单位填写</td><td>单位名称</td><td colspan="4">大连华枫家具制造有限公司</td><td colspan="3">☑汇缴 2018 年 11 月份</td></tr>
<tr><td>单位账号</td><td colspan="4">800000208002222</td><td colspan="3">□补缴　人　补缴金额：</td></tr>
<tr><td>应缴存金额</td><td colspan="4">千 百 十 万 千 百 十 元 角 元
¥ 4 1 7 6 0 0 0</td><td colspan="3">金额（大写）：肆万壹仟柒佰陆拾元整</td></tr>
<tr><td colspan="2" align="center">上月汇缴</td><td align="center">本月增加汇缴</td><td colspan="2" align="center">本月减少汇缴</td><td colspan="3" align="center">本月汇缴</td></tr>
<tr><td rowspan="3">银行填写</td><td colspan="2"></td><td></td><td colspan="2"></td><td colspan="3">52　41 760.00</td></tr>
<tr><td colspan="8"></td></tr>
<tr><td colspan="8">银行盖章：</td></tr>
</table>

客户确认签字：王欢

业务 3.5-2/3

大连银行
转账支票存根
10205110
10565222

附加信息 _____

出票日期 2018 年 12 月 7 日

收款人：	大连市住房公积金管理中心
金　额：	¥41 760.00
用　途：	缴纳住房公积金

单位主管　　　　会计

业务 3.5-3/3

大连银行 BANK OF DALIAN 进账单（回　单） 2

2018 年 12 月 7 日

<table>
<tr><td rowspan="3">出票人</td><td>全　　称</td><td>大连华枫家具制造有限公司</td><td rowspan="3">收款人</td><td>全　　称</td><td colspan="12">大连市住房公积金管理中心</td></tr>
<tr><td>账　　号</td><td>800000208002222</td><td>账　　号</td><td colspan="12">0200033153215501511</td></tr>
<tr><td>开户银行</td><td>大连银行夏泊支行</td><td>开户银行</td><td colspan="12">大连银行夏泊支行</td></tr>
<tr><td colspan="3" rowspan="2">金额
人民币
（大写）　肆万壹仟柒佰陆拾元整</td><td></td><td>亿</td><td>千</td><td>百</td><td>十</td><td>万</td><td>千</td><td>百</td><td>十</td><td>元</td><td>角</td><td>分</td></tr>
<tr><td></td><td></td><td></td><td></td><td>¥</td><td>4</td><td>1</td><td>7</td><td>6</td><td>0</td><td>0</td><td>0</td></tr>
<tr><td colspan="3">票据种类　转账支票　票据张数　1</td><td colspan="13" rowspan="2">大连银行夏泊支行
2018 年 12 月 07 日
转讫</td></tr>
<tr><td colspan="3">票据号码　　　10565222</td></tr>
<tr><td colspan="3">复核　　　　记账</td><td colspan="13">收款人开户银行签章</td></tr>
</table>

此联是开户银行交给持（出）票人的回单

业务 3.6-1/2

同城特约委托收款凭证（付款通知） 2

委托日期贰零壹捌年壹拾贰月壹拾日　　　　委托号码：第210号

付款人	全　称	大连华枫家具制造有限公司	收款人	全　称	大连市社会保险基金管理中心
	账　号	800000208002222		账　号	2000011325511535
	开户银行	大连银行夏泊支行		开户银行	大连银行夏泊支行

委收金额	人民币（大写）	贰万零捌佰捌拾元整				千	百	十	万	千	百	十	元	角	分
								¥	2	0	8	8	0	0	0

		合同号		收款人 联系电话	

2018年11月
医保费：20 880.00元　其中：
单位17 400元，个人3 480.00元

备注：

（收款人签章）

大连银行夏泊支行
2018年12月10日
转讫

（付款人开户行签章）

单位主管：　　　会计：　　　复核：　　　记账：

....

业务 3.6-2/2

同城特约委托收款凭证（付款通知） 2

委托日期贰零壹捌年壹拾贰月壹拾日　　　　委托号码：第211号

付款人	全　称	大连华枫家具制造有限公司	收款人	全　称	大连市社会保险基金管理中心
	账　号	800000208002222		账　号	2000011325511535
	开户银行	大连银行夏泊支行		开户银行	大连银行夏泊支行

委收金额	人民币（大写）	伍万零肆佰陆拾元整				千	百	十	万	千	百	十	元	角	分
								¥	5	0	4	6	0	0	0

款项内容	合同号	收款人 联系电话

2018年11月
养老保险费：46 980.00元
失业保险费：1 740.00元
生育保险费：1 392.00元
工伤保险费：348.00元

备注：

（收款人签章）

大连银行夏泊支行
2018年12月10日
转讫

（付款人开户行签章）

单位主管：　　　会计：　　　复核：　　　记账：

业务 3.7-1/4

| 2200310610 | | 大连增值税专用发票 | №07464101 | 2200310610 07464101 |

校验码 51283 28253 68794 09787　此联不作报销扣税凭证使用　　开票日期：2018 年 12 月 10 日

购买方	名　　　称：大连金沙滩会展有限公司 纳税人识别号：91210203600322569H 地址、电话：西岗区滨海中路 90 号 0411-83642599 开户行及账号：农业银行 210203121236621071	密码区	（略）

货物或应税劳务、服务名称	规格型号	单位	数量	单价	金额	税率	税额
*家具*二人桌		张	1 000	200.0000	200 000.00	16%	32 000.00
*家具*三人桌		张	1 000	300.0000	300 000.00	16%	48 000.00
合计					￥500 000.00		￥80 000.00

价税合计（大写）	⊗伍拾捌万元整	（小写）￥580 000.00

销售方	名　　　称：大连华枫家具制造有限公司 纳税人识别号：91210211777700111H 地址、电话：大连市甘井子区夏泊路 108 号 0411-82140000 开户行及账号：大连银行夏泊支行 800000208002222	备注

收款人：张艾佳　　　　复核：王云　　　　　开票人：曲立立　　　　　销售方：（章）

第一联：记账联　销售方记账凭证

务 3.7-2/4

中国农业银行　　　转账支票（辽）大连 IIV00100911

出票日期（大写）贰零壹捌年壹拾贰月壹拾日　　付款行名称：农业银行周水子高新园区办事处
收款人：大连华枫家具制造有限公司　　　　　出票人账号：210203121236621071

人民币（大写）	伍拾捌万元整	千	百	十	万	千	百	十	元	角	分
			￥	5	8	0	0	0	0	0	0

用途　货款
上列款项请从
我账户内支付
出票人签章

科目（借）
对方科目（贷）
转账日期　年　月　日
复核　　　记账

业务 3.7-3/4

产成品出库单

2018 年 12 月 10 日

0001 号

产品编号	产品名称规格	单位	数量	单位成本	总成本	备注
01001	二人桌	张	1 000			
01002	三人桌	张	1 000			
合计						

主管：谭世俊　　　保管：王清清　　　检验：洪鸿　　　制单：宫小威

业务 3.7-4/4

大连银行 BANK OF DALIAN　进账单（回　单）　2

2018 年 12 月 10 日

出票人	全　称	大连金沙滩会展有限公司	收款人	全　称	大连华枫家具制造有限公司											
	账　号	2102031212366 21071		账　号	800000208002222											
	开户银行	农业银行周水子高新园区办事处		开户银行	大连银行夏泊支行											
金额	人民币（大写）	伍拾捌万元整				亿	千	百	十	万	千	百	十	元	角	分
								￥5	8	0	0	0	0	0	0	0
票据种类	转账支票	票据张数	1													
票据号码	100911															

大连银行夏泊支行
2018 年 12 月 10 日
转讫

复核　　　记账　　　　　　　　　　　收款人开户银行签章

此联是开户银行交给持（出）票人的回单

业务 3.8-1/2

大连银行
现金支票存根
10205110
50241012

附加信息 _____

出票日期 2018 年 12 月 11 日

收款人：大连华枫家具制造有限公司

金 额：￥3 000.00

用 途：借款

单位主管   会计

大连银行
BANK OF DALIAN

现金支票   **10205110**   50241012

出票日期（大写）贰零壹捌年壹拾贰月壹拾壹日

收款人：大连华枫家具制造有限公司

付款行名称：大连银行夏泊支行
出票人账号：800000208002222

人民币（大写）	叁仟元整	亿	千	百	十	万	千	百	十	元	角	分
						￥	3	0	0	0	0	0

用途 借款

上列款项请从我账户内支付 出票人签章

密码 2871 6384 7628 041

复核   记账

（财务专用章：大连华枫家具制造有限公司）
（飞夏印羽）

业务 3.8-2/2

现金借款单

2018 年 12 月 11 日

部门名称	采购部	借款人		马天啸							
借款用途	差旅费										
借款金额（大写）	叁仟元整			十	万	千	百	十	元	角	分
					￥	3	0	0	0	0	0
部门负责人	江若岩	主管领导									
财务部	赵轩										

业务 3.9-1/4

2200210610

大连增值税专用发票

2200210610

№07463229   07463229

校验码 51283 28253 68794 19187

开票日期：2018 年 12 月 12 日

第二联：抵扣联 购买方扣税凭证

购买方	名 称：大连华枫家具制造有限公司
	纳税人识别号：91210211777700111H
	地址、电话：大连市甘井子区夏泊路108号 0411-82140000
	开户行及账号：大连银行夏泊支行 800000208002222

密码区 （略）

货物或应税劳务、服务名称	规格型号	单位	数量	单价	金额	税率	税额
*服装*工作服		套	52	80.0000	4 160.00	16%	665.60
合计					￥4 160.00		￥665.60

价税合计（大写）	⊗肆仟捌佰贰拾伍元陆角整	（小写）￥4 825.60

销售方	名 称：大连劳动保护用品批发中心
	纳税人识别号：9121020258855253S
	地址、电话：西岗区槐花路52号 0411-83636912
	开户行及账号：中国建设银行大连西岗支行 210202121278921086

备注
（大连劳动保护用品批发中心 9121020258855253S 发票专用章 销售方（章））

收款人：刘丁   复核：马楠   开票人：王芳

业务 3.9-2/4

大连增值税专用发票

2200210610　　　　　　　　　　　　　2200210610

№07463229　　07463229

校验码 51283 28253 68794 19187　　　　开票日期：2018 年 12 月 12 日

购买方	名　　称：大连华枫家具制造有限公司	密码区	（略）
	纳税人识别号：91210211777700111H		
	地址、电话：大连市甘井子区夏泊路 108 号 0411-82140000		
	开户行及账号：大连银行夏泊支行 800000208002222		

货物或应税劳务、服务名称	规格型号	单位	数量	单价	金额	税率	税额
*服装*工作服		套	52	80.0000	4 160.00	16%	665.60
合　计					￥4 160.00		￥665.60

| 价税合计（大写） | ⊗肆仟捌佰贰拾伍元陆角整 | （小写）　￥4 825.60 |

销售方	名　　称：大连劳动保护用品批发中心	备注
	纳税人识别号：9121020258855253S	
	地址、电话：西岗区槐花路 52 号 0411-83636912	
	开户行及账号：中国建设银行大连西岗支行 210202121278921086	

收款人：刘丁　　　　复核：马楠　　　　开票人：王芳

第三联：发票联　购买方记账凭证

业务 3.9-3/4

大连银行　转账支票存根
10205120
10565223

附加信息
_____

出票日期 2018 年 12 月 12 日

| 收款人：大连劳动保护用品批发中心 |
| 金　额：￥4 825.60 |
| 用　途：购买工作服 |

单位主管　　　　会计

大连银行 转账支票
BANK OF DALIAN

10205120
10565223

出票日期（大写）贰零壹捌年壹拾贰月壹拾贰日　　　付款行名称：大连银行夏泊支行

收款人：大连劳动保护用品批发中心　　　　出票人账号：800000208002222

人民币（大写）肆仟捌佰贰拾伍元陆角整

| 亿 | 千 | 百 | 十 | 万 | 千 | 百 | 十 | 元 | 角 | 分 |
| | | | | ￥4 | 8 | 2 | 5 | 6 | 0 |

用途 购买工作服

上列款项请从我账户内支付

出票人签章

密码 7606 6328 7174 8121

行号 102651002365

复核　　　　记账

业务 3.9-4/4

低值易耗品验收单

申购单位：办公室　　　　　　2018 年 12 月 12 日　　　　　　验收单号：18201

品名	数量	单价（元）	金额（元）	备注
工作服	52 套	80.00	4 160.00	办公室
合计			4 160.00	

验收人签章：罗雪青

业务 3.10

| 大连银行 BANK OF DALIAN | 电汇凭证（回单） | 1 |

□普通　□加急　　　　委托日期 2018 年 12 月 13 日　　　　　16345532

汇款人	全　　称	大连华枫家具制造有限公司	收款人	全　　称	山东宝灵板材厂
	账　　号	800000208002222		账　　号	958202123455555900
	汇出地点	辽宁省大连市/县		汇入地点	山东省济南市/县
	汇出行名称	大连银行夏泊支行		汇入行名称	兴业银行济南分行

| 金额 | 人民币（大写） | 伍万元整 | 亿 千 百 十 万 千 百 十 元 角 分 | ¥ 5 0 0 0 0 0 0 |

大连银行夏泊支行　2018 年 12 月 13 日　转讫

支付密码

附加信息及用途：支付定金

汇出行签章　　　复核　　记账

此联为汇出行给汇款人的回单

业务 3.11

| 大连银行 | 借款借据 | 第一联 借据回单 |

银行编号：116081208　　　立据 2018 年 12 月 14 日　　　No 00001801

| 借款单位名称 | 大连华枫家具制造有限公司 | 放款账号 | 800000208002222 | 利率 | 0.5000% |
| | | 存款账号 | 800000208002222 | | |

| 借款金额（大写） | 壹佰万元整 | 千 百 十 万 千 百 十 元 角 分 | ¥ 1 0 0 0 0 0 0 0 0 |

| 约定还款日期 | 2019 年 6 月 13 日 | 借款种类 | 扩大经营 | 借款合同号码 | ZZ1801 |
| 展期到期日期 | 年 月 日 | | | | |

借款直接用途	1.扩大经营　4.	还款记录	年 月 日　还款金额　余额
	2.　5.		大连银行夏泊支行 2018 年 12 月 14 日 转讫
	3.　6.		

根据签订的借款合同和你单位申请借款用途，经审查同意发放上列金额贷款。

大连银行　批准人　　（银行转账盖章）　2018 年 12 月 14 日

此联退交借款单位

业务 3.12

产成品入库单

2018 年 12 月 17 日

编号	品名	包装规格	数量	生产日期	批号	检验单号
01001	二人桌		2 500	2018/12/17	02	18002
01002	三人桌		2 500	2018/12/17	02	18002

入库人：洪鸿　　　　　复核人：王清清　　　　　库管员：刘天娇

业务 3.13-1/5

2200210610　　　　　　　　　　　　　　　　　　　　　　2200210610

2200210610　　　济南增值税专用发票　　No07463229　　07463229

校验码 51283 28253 68794 19187　　　　　　　　开票日期：2018 年 12 月 17 日

购买方	名　称：大连华枫家具制造有限公司 纳税人识别号：91210211777700111H 地址、电话：大连市甘井子区夏泊路 108 号 0411-82140000 开户行及账号：大连银行夏泊支行 800000208002222	密码区	（略）

货物或应税劳务、服务名称	规格型号	单位	数量	单价	金额	税率	税额
*木制品*18mm 装饰板		米	125 00	19.0000	237 500.00	16%	38 000.00
*木制品*15mm 装饰板		米	125 00	16.5000	206 250.00	16%	33 000.00
*金属制品*支架		个	250 00	6.0000	150 000.00	16%	24 000.00
*金属制品*固定底座		个	250 00	5.0000	125 000.00	16%	20 000.00
*黑色金属冶炼压延品*方钢管		米	150 00	8.0000	120 000.00	16%	19 200.00
*木制品*5mm 装饰板		米	125 00	5.0000	62 500.00	16%	10 000.00
合计					￥ 901 250.00		￥ 144 200.00

价税合计（大写）	⊗壹佰零肆万伍仟肆佰伍拾元整	（小写）￥ 1 045 450.00

销售方	名　称：山东宝灵板材厂 纳税人识别号：91958202123453214J 地址、电话：金华区中山路 63 号 0531-86569874 开户行及账号：兴业银行济南分行 958202123455555900	备注	山东宝灵板材厂 91958202123453214J 发票专用章 销售方：（章）

收款人：陆毅　　　　　复核：刘瑶　　　　　开票人：王强

第二联：抵扣联　购买方扣税凭证

业务 3.13-2/5

2200210610

2200210610

济南增值税专用发票　　No07463229　　07463229

校验码 51283 28253 68794 19187　　　　　开票日期：2018 年 12 月 17 日

购买方	名　　称：	大连华枫家具制造有限公司							密码区	（略）	
	纳税人识别号：	91210211777700111H									
	地址、电话：	大连市甘井子区夏泊路 108 号 0411-82140000									
	开户行及账号：	大连银行夏泊支行 800000208002222									

货物或应税劳务、服务名称	规格型号	单位	数量	单价	金额	税率	税额
*木制品*18mm 装饰板		米	125 00	19.0000	237 500.00	16%	38 000.00
*木制品*15mm 装饰板		米	125 00	16.5000	206 250.00	16%	33 000.00
*金属制品*支架		个	250 00	6.0000	150 000.00	16%	24 000.00
*金属制品*固定底座		个	250 00	5.0000	125 000.00	16%	20 000.00
*黑色金属冶炼压延品*方钢管		米	150 00	8.0000	120 000.00	16%	19 200.00
*木制品*5mm 装饰板		米	125 00	5.0000	62 500.00	16%	10 000.00
合计					￥901 250.00		￥144 200.00

价税合计（大写）	⊗壹佰零肆万伍仟肆佰伍拾元整	（小写）￥1 045 450.00

销售方	名　　称：	山东宝灵板材厂	备注
	纳税人识别号：	91958202123453214J	
	地址、电话：	金华区中山路 63 号 0531-86569874	
	开户行及账号：	兴业银行济南分行 95820212345555900	

收款人：陆毅　　　　复核：刘瑶　　　　开票人：王强

第三联：发票联　购买方记账凭证

业务 3.13-3/5

4202813081

4202813081

济南增值税专用发票　　No01587762　　01587762

校验码 51283 28253 65798 541289　　　　开票日期：2018 年 12 月 17 日

购买方	名　　称：	大连华枫家具制造有限公司							密码区	（略）	
	纳税人识别号：	91210211777700111H									
	地址、电话：	大连市甘井子区夏泊路 108 号 0411-82140000									
	开户行及账号：	大连银行夏泊支行 800000208002222									

货物或应税劳务、服务名称	规格型号	单位	数量	单价	金额	税率	税额
*物流运输服务*运费			1	1 025.0000	1 025.00	10%	102.50
合计					￥1 025.00		￥102.50

价税合计（大写）	⊗壹仟壹佰贰拾柒元伍角整	（小写）￥1 127.50

销售方	名　　称：	山东大地运输有限公司	备注 C26612 济南市到大连市
	纳税人识别号：	91958202998877766G	
	地址、电话：	济南市天河区中山路 1 号 020-24101455	
	开户行及账号：	招商银行济南市天河分理处 5532505321654987	

收款人：刘爽　　　　复核：杨柳　　　　开票人：郭贤

第二联：抵扣联　购买方扣税凭证

业务 3.13-4/5

4202813081

4202813081	济南增值税专用发票	№01587762	01587762

校验码 51283 28253 65798 541289 　　　开票日期：2018 年 12 月 17 日

购买方	名　　称：	大连华枫家具制造有限公司	密码区	（略）
	纳税人识别号：	9121021177770011111H		
	地址、电话：	大连市甘井子区夏泊路 108 号 0411-82140000		
	开户行及账号：	大连银行夏泊支行 800000208002222		

货物或应税劳务、服务名称	规格型号	单位	数量	单价	金额	税率	税额
*物流运输服务*运费			1	1 025.0000	1 025.00	10%	102.50
合　计					￥1 025.00		￥102.50

价税合计（大写）	⊗壹仟壹佰贰拾柒元伍角整	（小写）￥1 127.50

销售方	名　　称：	山东大地运输有限公司	备注	C26612 济南市到大连市
	纳税人识别号：	9195820299887766G		
	地址、电话：	济南市天河区中山路 1 号 020-24101455		
	开户行及账号：	招商银行济南市天河分理处 5532505321654987		

收款人：刘爽　　　复核：杨柳　　　开票人：郭贤

第三联：发票联 购买方记账凭证

业务 3.13-5/5

材料入库单

供应单位：山东宝灵板材厂　　　　　　　　　　　　　　　入库单编号：003
申购单位：大连华枫家具制造有限公司　2018 年 12 月 17 日　　收料仓库：原材料库

编号	名称	规格	单位	数量		实际成本			
						买价		其他	合计
				应收	实收	单价	金额	运杂费	
1	18mm 装饰板		米	12 500.00	12 500.00	19.00	237 500.00	125.00	237 625.00
2	15mm 装饰板		米	12 500.00	12 500.00	16.50	206 250.00	125.00	206 375.00
3	支架		个	25 000.00	25 000.00	6.00	150 000.00	250.00	150 250.00
4	固定底座		个	25 000.00	25 000.00	5.00	125 000.00	250.00	125 250.00
5	方钢管		米	15 000.00	15 000.00	8.00	120 000.00	150.00	120 150.00
6	5mm 装饰板		米	12 500.00	12 500.00	5.00	62 500.00	125.00	62 625.00
	合计						901 250.00	1 025.00	902 275.00

审核人：王清清　　　财务负责人审核：赵轩　　　经办人：刘天娇

业务 3.14

付款期限 壹个月		大连银行 银行汇票 1		10200040 14836510

出票日期（大写）贰零壹捌年壹拾贰月壹拾柒日　　代理付款行：大连银行夏泊支行　　行号：102651002365

收款人：大连新新科技有限公司　　　　　　　账号：86600021212211222

出票 人民币
金额（大写）　壹万伍仟元整

实际结算 人民币
金额 （大写）

			千	百	十	万	千	百	十	元	角	分
					￥	1	5	0	0	0	0	0

申请人：大连华枫家具制造有限公司　　　　账号或地址：800000208002222

出票行：大连银行夏泊支行　行号：102651002365

备 注：凭票付款

出票行签章

复核　　　记账

此联出票行结清汇票时作汇出汇款借方凭证

业务 3.15-1/3

2200210610		大连增值税专用发票	No.07463139	2200210610 07463139

校验码 51283 28253 68794 19187　　　　　　　　　　　开票日期：2018 年 12 月 18 日

购买方	名　　　称：大连华枫家具制造有限公司 纳税人识别号：91210211777700111H 地址、电话：大连市甘井子区夏泊路 108 号 0411-82140000 开户行及账号：大连银行夏泊支行 800000208002222	密码区	（略）

货物或应税劳务、服务名称	规格型号	单位	数量	单价	金额	税率	税额
*电子工业设备*检测设备		套	1	12 000.0000	12 000.00	16%	1 920.00
合计					￥12 000.00		￥1 920.00

价税合计（大写）	⊗壹万叁仟玖佰贰拾元整	（小写）￥13 920.00

销售方	名　　　称：大连新新科技有限公司 纳税人识别号：91210202588552000S 地址、电话：西岗区槐花路 50 号 0411-83654112 开户行及账号：中国建设银行大连西岗支行 86600021212211222	备注	大连新新科技有限公司 91210202588552000S 发票专用章 销售方（章）

收款人：肖万　　　复核：曾媛　　　开票人：丁丁

第二联：抵扣联 购买方扣税凭证

业务 3.15-2/3

2200210610

校验码 51283 28253 68794 19187

大连增值税专用发票　№07463139

2200210610

07463139

开票日期：2018年12月18日

购买方	名　　称：大连华枫家具制造有限公司 纳税人识别号：91210211777700111H 地址、电话：大连市甘井子区夏泊路108号 0411-82140000 开户行及账号：大连银行夏泊支行 800000208002222	密码区	（略）

货物或应税劳务、服务名称	规格型号	单位	数量	单价	金额	税率	税额
*电子工业设备*检测设备		套	1	12 000.0000	12 000.00	16%	1 920.00
合　计					￥12 000.00		￥1 920.00

价税合计（大写）	⊗壹万叁仟玖佰贰拾元整	（小写）￥13 920.00

销售方	名　　称：大连新新科技有限公司 纳税人识别号：91210202588552000S 地址、电话：西岗区槐花路50号 0411-83654112 开户行及账号：中国建设银行大连西岗支行 866000212122112222	备注	大连新新科技有限公司 91210202588552000S 发票专用章

收款人：肖万　　　复核：曾媛　　　开票人：丁丁

第三联：发票联　购买方记账凭证

业务 3.15-3/3

大连银行

银行汇票（多余款收账通知）　**4**

10200040
14836510

付款期限 壹个月			

出票日期（大写）贰零壹捌年壹拾贰月壹拾柒日　　代理付款行：大连银行夏泊支行　　行号：102651002365

收款人：大连新新科技有限公司　　　　账号：866000212122211222

出票 人民币
金额（大写）壹万伍仟元整

实际结算 人民币
金额（大写）壹万叁仟玖佰贰拾元整　　千百十万千百十元角分　￥13920000

申请人：大连华枫家具制造有限公司　　账号或地址：800000208002222

出票行：大连银行夏泊支行　　行号：102651002365

备注：大连银行夏泊支行　汇票专用章　维王印维

密押	左列退回多余金额已收入你账户内。
多余金额 千百十万千百十元角分　￥108000	

出票行签章

此联出票行结清多余款后交申请人

业务 3.16-1/4

2200210610

2200210610

大连增值税专用发票　№07463341　**07463341**

校验码 51283 28253 68794 29786　开票日期：2018 年 12 月 18 日

购买方	名　　称：大连华枫家具制造有限公司 纳税人识别号：91210211777700111H 地址、电话：大连市甘井子区夏泊路 108 号 0411-82140000 开户行及账号：大连银行夏泊支行 800000208002222	密码区	（略）

货物或应税劳务、服务名称	规格型号	单位	数量	单价	金额	税率	税额
*金属制品*螺栓螺母		个		0.0500	7 500.00	16%	1 200.00
*金属制品*螺钉		盒		5.0000	2 500.00	16%	400.00
*涂料*油漆		千克		10.0000	2 500.00	16%	400.00
*密封用填料*封边条		米		0.0200	480.00	16%	76.80
*化学合成材料*黏合剂		盒		10.0000	1 000.00	16%	160.00
*纸制品*二人桌包装纸箱		个		5.0000	25 000.00	16%	4 000.00
*纸制品*三人桌包装纸箱		个		8.0000	40 000.00	16%	6 400.00
合计					￥78 980.00		￥12 636.80

价税合计（大写）	⊗玖万壹仟陆佰壹拾陆元捌角整	（小写）￥91 616.80

销售方	名　　称：大连艺海装饰材料公司 纳税人识别号：91210202123696666H 地址、电话：大连市西岗区香海街 11 号 0411-86651111 开户行及账号：中信银行大连西岗支行 210202123455599003	备注	大连艺海装饰材料公司 91210202123696666H 发票专用章

收款人：王岩　　　复核：郑敏　　　开票人：李丽

第二联：抵扣联　购买方扣税凭证

业务 3.16-2/4

2200210610

2200210610

大连增值税专用发票　№07463341　**07463341**

校验码 51283 28253 68794 29786　开票日期：2018 年 12 月 18 日

购买方	名　　称：大连华枫家具制造有限公司 纳税人识别号：91210211777700111H 地址、电话：大连市甘井子区夏泊路 108 号 0411-82140000 开户行及账号：大连银行夏泊支行 800000208002222	密码区	（略）

货物或应税劳务、服务名称	规格型号	单位	数量	单价	金额	税率	税额
*金属制品*螺栓螺母		个		0.0500	7 500.00	16%	1 200.00
*金属制品*螺钉		盒		5.0000	2 500.00	16%	400.00
*涂料*油漆		千克		10.0000	2 500.00	16%	400.00
*密封用填料*封边条		米		0.0200	480.00	16%	76.80
*化学合成材料*黏合剂		盒		10.0000	1 000.00	16%	160.00
*纸制品*二人桌包装纸箱		个		5.0000	25 000.00	16%	4 000.00
*纸制品*三人桌包装纸箱		个		8.0000	40 000.00	16%	6 400.00
合计					￥78 980.00		￥12 636.80

价税合计（大写）	⊗玖万壹仟陆佰壹拾陆元捌角整	（小写）￥91 616.80

销售方	名　　称：大连艺海装饰材料公司 纳税人识别号：91210202123696666H 地址、电话：大连市西岗区香海街 11 号 0411-86651111 开户行及账号：中信银行大连西岗支行 210202123455599003	备注	大连艺海装饰材料公司 91210202123696666H 发票专用章

收款人：王岩　　　复核：郑敏　　　开票人：李丽

第三联：发票联　购买方记账凭证

业务 3.16-3/4

材料入库单

供应单位：大连艺海装饰材料公司　　　　　　　　　　　　入库单编号：004
申购单位：大连华枫家具制造有限公司　2018 年 12 月 18 日　　收料仓库：原材料库

编号	名称	规格	单位	数量		实际成本				
						买价		运杂费	其他	合计
				应收	实收	单价	金额			
1	螺栓螺母		个	150 000.00	150 000.00	0.05	7 500.00			7 500.00
2	螺钉		盒	500.00	500.00	5.00	2 500.00			2 500.00
3	油漆		千克	250.00	250.00	10.00	2 500.00			2 500.00
4	封边条		米	24 000.00	24 000.00	0.02	480.00			480.00
5	黏合剂		盒	100.00	100.00	10.00	1 000.00			1 000.00
6	二人桌包装纸箱		个	5 000.00	5 000.00	5.00	25 000.00			25 000.00
7	三人桌包装纸箱		个	5 000.00	5 000.00	8.00	40 000.00			40 000.00
	合计						78 980.00	0.00		78 980.00

审核人：王清清　　　　财务负责人审核：赵轩　　　　　经办人：刘天娇

业务 3.16-4/4

大连银行
转账支票存根
10205120
10565224

附加信息
_____

出票日期 2018 年 12 月 18 日
收款人：大连艺海装饰材料公司
金　额：¥91 616.80
用　途：购买辅助材料

单位主管　　会计

大连银行　转账支票　10205120
BANK OF DALIAN　　　　10565224

出票日期（大写）贰零壹捌年壹拾贰月壹拾捌日　　付款行名称：大连银行夏泊支行
收款人：大连艺海装饰材料公司　　　　　　　　　出票人账号：800000208002222

付款期限自出票之日起十天

人民币（大写）玖万壹仟陆佰壹拾陆元捌角整

亿	千	百	十	万	千	百	十	元	角	分
			¥	9	1	6	1	6	8	0

用途 购买辅助材料
上列款项请从我账户内支付
出票人签章

密码 7606 6328 7174 8126
行号 102651002365

复核　　　　　记账

（大连华枫家具制造有限公司 财务专用章）　（夏泊飞羽印）

业务 3.17-1/2

领料单

领料部门：生产车间-板材切割组-二人桌　　　　2018 年 12 月 19 日　　　　　　第 005 号

编号	材料名称	规格	单位	请领数量	实发数量	单价	金额
1	18mm 装饰板		米	5 000		19.01	95 050.00
2	15mm 装饰板		米	5 000		16.51	82 550.00
3	支架		个	10 000		6.01	60 100.00
4	固定底座		个	10 000		5.01	50 100.00
5	方钢管		米	6 000		8.01	48 060.00
6	5mm 装饰板		米	5 000		5.01	25 050.00
13	螺栓螺母		个	60 000		0.05	3 000.00
14	螺钉		盒	200		5.00	1 000.00
15	油漆		千克	100		10.00	1 000.00
16	封边条		米	12 000		0.02	240.00
17	黏合剂		盒	50		10.00	500.00
18	二人桌包装纸箱		个	5 000		5.00	25 000.00
	合计						391 650.00

用途	生产二人桌	领料部门		发料部门	
		负责人	领料人	核准人	发料人
		谭世俊	郑旭飞	王清清	刘天娇

业务 3.17-2/2

领料单

领料部门：生产车间-板材切割组-三人桌　　　　2018 年 12 月 19 日　　　　　　第 006 号

编号	材料名称	规格	单位	请领数量	实发数量	单价	金额
1	18mm 装饰板		米	7 500		19.01	142 575.00
2	15mm 装饰板		米	7 500		16.51	123 825.00
3	支架		个	15 000		6.01	90 150.00
4	固定底座		个	15 000		5.01	75 150.00
5	方钢管		米	9 000		8.01	72 090.00
6	5mm 装饰板		米	7 500		5.01	37 575.00
13	螺栓螺母		个	90 000		0.05	4 500.00
14	螺钉		盒	300		5.00	1 500.00
15	油漆		千克	150		10.00	1 500.00
16	封边条		米	12 000		0.02	240.00
17	黏合剂		盒	50		10.00	500.00
18	三人桌包装纸箱		个	5 000		8.00	40 000.00
	合计						589 605.00

用途	生产三人桌	领料部门		发料部门	
		负责人	领料人	核准人	发料人
		谭世俊	郑旭飞	王清清	刘天娇

业务 3.21-1/2

大连银行　网上银行电子回单

电子回单号码：000000000021

付款人	户　　名	大连华枫家具制造有限公司	收款人	户　　名	大连华枫家具制造有限公司
	账　　号	800000208002222		账　　号	5100141656302560000
	开户银行	大连银行夏泊支行		开户银行	中国工商银行甘井子支行

金额	人民币（大写）：壹拾万元整		￥100 000.00元
摘要	股票投资	业务种类	
用途	股票投资		
交易流水号	00002000	时间戳	2018-12-20-13.41.12.772700

	备注：	
	验证码：jRA2zgZO87FognSwCx1R8HV9iZU=	

记账网点	0207	记账柜员	12	记账日期	2018 年 12 月 20 日

如需校验回单，请单击：回单校验　　　　　　　　　　打印日期：2018 年 12 月 20 日

重要提示：本回单不作为收款方发货依据，并请勿重复记账

业务 3.21-2/2

大连连大证券公司海滨路营业所

买	2018 年 12 月 20 日	成交过户交割凭单

公司代码：888888	证券名称：601234
股东账号：32132121	成交数量：10 000
资金账户：6666	成交价格：8.00
股东姓名：大连华枫家具制造有限公司	成交金额：￥80 000.00
申请编号：999	标准佣金1‰：80.00
申请时间：2018.12.20pm2：32：25	过户费用：
成交时间：2018.12.20pm2：33：01	印花税1‰：
资金前余额：￥100 000.00	附加费用：
资金余额：￥19 920.00	实际收付金额：80 080.00
证券前余额：0股	
本次余额：10 000 股	

业务 3.22-1/3

2200210610

校验码 51283 28253 68794 19187

大连增值税专用发票　№07463266　　2200210610　07463266

开票日期：2018 年 12 月 20 日

| 购买方 | 名　　称：大连华枫家具制造有限公司 纳税人识别号：91210211777700111H 地址、电话：大连市甘井子区夏泊路108号 0411-82140000 开户行及账号：大连银行夏泊支行 800000208002222 | 密码区 | （略） |

货物或应税劳务、服务名称	规格型号	单位	数量	单价	金额	税率	税额
*电信服务*电话费			1	4 000.0000	4 000.00	10%	400.00
合计					￥4 000.00		￥400.00

价税合计（大写）　⊗肆仟肆佰元整　　（小写）￥4 400.00

| 销售方 | 名　　称：中国电信集团有限公司大连分公司 纳税人识别号：91210203744337095M 地址、电话：辽宁省大连市西岗区中山路167号 0411-83636966 开户行及账号：中国银行大连西岗支行 210202121278920066 | 备注 | 中国电信集团有限公司大连分公司 91210203744337095M 发票专用章 |

收款人：赵鹏　　复核：杨佳　　开票人：王辉

第二联：抵扣联　购买方扣税凭证

业务 3.22-2/3

2200210610

校验码 51283 28253 68794 19187

大连增值税专用发票　№07463266　　2200210610　07463266

开票日期：2018 年 12 月 20 日

| 购买方 | 名　　称：大连华枫家具制造有限公司 纳税人识别号：91210211777700111H 地址、电话：大连市甘井子区夏泊路108号 0411-82140000 开户行及账号：大连银行夏泊支行 800000208002222 | 密码区 | （略） |

货物或应税劳务、服务名称	规格型号	单位	数量	单价	金额	税率	税额
*电信服务*电话费			1	4 000.0000	4 000.00	10%	400.00
合计					￥4 000.00		￥400.00

价税合计（大写）　⊗肆仟肆佰元整　　（小写）￥4 400.00

| 销售方 | 名　　称：中国电信集团有限公司大连分公司 纳税人识别号：91210203744337095M 地址、电话：辽宁省大连市西岗区中山路167号 0411-83636966 开户行及账号：中国银行大连西岗支行 210202121278920066 | 备注 | 中国电信集团有限公司大连分公司 91210203744337095M 发票专用章 |

收款人：赵鹏　　复核：杨佳　　开票人：王辉

第三联：发票联　购买方记账凭证

业务 3.22-3/3

大连银行
BANK OF DALIAN

付款通知书（回单）

记账日期：2018 年 12 月 20 日

付款人	单位名称	大连华枫家具制造有限公司	收款人	单位名称	中国电信集团有限公司大连分公司
	账 号	800000208002222		账 号	2102021212789200066
	开户银行	大连银行夏泊支行		开户银行	中国银行大连分行
	行 号	102651002365		行 号	102193008698
金额合计（大写）		肆仟肆佰元整	金额合计（小写）		￥4 400.00
摘要		代扣代缴 2018 年 11 月电话费			
业务类型：0195			交易类型：借		

注：此付款通知书加盖我行业务公章方有效。　　　流水号：8765

（印章：大连银行夏泊支行 回单专用章）

业务 3.23-1/3

2200210610

大连增值税专用发票 No07466472

2200210610
07466472

校验码 51283 28253 68794 99181

开票日期：2018 年 12 月 20 日

购买方	名 称：大连华枫家具制造有限公司 纳税人识别号：91210211777700111H 地址、电话：大连市甘井子区夏泊路108号 0411-82140000 开户行及账号：大连银行夏泊支行 800000208002222	密码区	（略）

货物或应税劳务、服务名称	规格型号	单位	数量	单价	金额	税率	税额
*水冰雪*水费			150	6.0000	900.00	10%	90.00
合计					￥900.00		￥90.00

价税合计（大写）　⊗玖佰玖拾元整	（小写）￥990.00

销售方	名 称：大连自来水有限公司 纳税人识别号：91210202123975790M 地址、电话：辽宁省大连市西岗区华林街11号 0411-86565908 开户行及账号：中国银行大连西岗支行 210202123455595076	备注	（印章：大连自来水有限公司 91210202123975790M 发票专用章 销售方：（章））

收款人：寇鹏　　复核：张颖　　开票人：闫美慧

第二联：抵扣联 购买方扣税凭证

业务 3.23-2/3

2200210610

2200210610

大连增值税专用发票 №07466472

07466472

校验码 51283 28253 68794 99181

开票日期：2018 年 12 月 20 日

购买方	名　　　　称：大连华枫家具制造有限公司 纳税人识别号：91210211777700111H 地址、电话：大连市甘井子区夏泊路 108 号 0411-82140000 开户行及账号：大连银行夏泊支行 800000208002222	密码区	（略）

货物或应税劳务、服务名称	规格型号	单位	数量	单价	金额	税率	税额
*水冰雪*水费			150	6.0000	900.00	10%	90.00
合计					￥900.00		￥90.00

价税合计（大写）	⊗玖佰玖拾元整	（小写）￥990.00

销售方	名　　　　称：大连自来水有限公司 纳税人识别号：91210202123975790M 地址、电话：辽宁省大连市西岗区华林街 11 号 0411-86565908 开户行及账号：中国银行大连西岗支行 210202123455595076	备注	大连自来水有限公司 91210202123975790M 发票专用章 销售方：（章）

收款人：寇鹏　　　　复核：张颖　　　　开票人：闫美慧

第三联：发票联 购买方记账凭证

业务 3.23-3/3

🔴 **大连银行**　　**付款通知书（回单）**
BANK OF DALIAN

记账日期：2018 年 12 月 20 日

付款人	单位名称	大连华枫家具制造有限公司	收款人	单位名称	大连自来水有限公司
	账　号	800000208002222		账　号	210202123455595076
	开户银行	大连银行夏泊支行		开户银行	中国银行大连分行
	行　号	102651002365		行　号	102193008698
金额合计（大写）		玖佰玖拾元整	金额合计（小写）		￥990.00
摘要		代扣代缴 2018 年 11 月水费			大连银行夏泊支行 ★ 回单专用章
业务类型：0195			交易类型：借		

注：此付款通知书加盖我行业务公章方有效。　　　流水号：8766

业务 3.24-1/4

2200210610

2200210610　　　　大连增值税专用发票　№07464987　07464987

校验码 51283 28253 68794 8181　　　　　　开票日期：2018 年 12 月 20 日

| 购买方 | 名　　称：大连华枫家具制造有限公司
纳税人识别号：91210211777700111H
地址、电话：大连市甘井子区夏泊路108号 0411-82140000
开户行及账号：大连银行夏泊支行 800000208002222 | 密码区 | （略） |

货物或应税劳务、服务名称	规格型号	单位	数量	单价	金额	税率	税额
*供电*电费			1	24 632.0000	24 632.00	16%	3 941.12
合计					¥24 632.00		¥3 941.12

价税合计（大写）　⊗贰万捌仟伍佰柒拾叁元壹角贰分　（小写）¥28 573.12

| 销售方 | 名　　称：大连供电局有限公司
纳税人识别号：91210202123000091M
地址、电话：辽宁省大连市西岗区海鸥街18号 0411-87878909
开户行及账号：中国银行大连西岗支行 21020212345550 0072 | 备注 | 大连供电局有限公司
91210202123000091M
发票专用章 |

收款人：王静　　复核：高洁　　开票人：井立波

第二联：抵扣联　购买方扣税凭证

业务 3.24-2/4

2200210610

2200210610　　　　大连增值税专用发票　№07464987　07464987

校验码 51283 28253 68794 8181　　　　　　开票日期：2018 年 12 月 20 日

| 购买方 | 名　　称：大连华枫家具制造有限公司
纳税人识别号：91210211777700111H
地址、电话：大连市甘井子区夏泊路108号 0411-82140000
开户行及账号：大连银行夏泊支行 800000208002222 | 密码区 | （略） |

货物或应税劳务、服务名称	规格型号	单位	数量	单价	金额	税率	税额
*供电*电费			1	24 632.0000	24 632.00	16%	3 941.12
合计					¥24 632.00		¥3 941.12

价税合计（大写）　⊗贰万捌仟伍佰柒拾叁元壹角贰分　（小写）¥28 573.12

| 销售方 | 名　　称：大连供电局有限公司
纳税人识别号：91210202123000091M
地址、电话：辽宁省大连市西岗区海鸥街18号 0411-87878909
开户行及账号：中国银行大连西岗支行 21020212345550 0072 | 备注 | 大连供电局有限公司
91210202123000091M
发票专用章 |

收款人：王静　　复核：高洁　　开票人：井立波

第三联：发票联　购买方记账凭证

业务 3.24-3/4

大连银行 付款通知书（回单）
BANK OF DALIAN

记账日期：2018 年 12 月 20 日

付款人	单位名称	大连华枫家具制造有限公司	收款人	单位名称	大连供电局有限公司
	账　号	800000208002222		账　号	21020212345 5500072
	开户银行	大连银行夏泊支行		开户银行	中国银行大连分行
	行　号	102651002365		行　号	102193008698
金额合计（大写）		贰万捌仟伍佰柒拾叁元壹角贰分	金额合计（小写）		￥ 28 573.12
摘要		代扣代缴 2018 年 11 月电费			
业务类型：0195			交易类型：借		

注：此付款通知书加盖我行业务公章方有效。　　流水号：8767

业务 3.24-4/4

电费分配表
单位：元

生产车间	厂部	合计
23 600.00	1 032.00	24 632.00

业务 3.25-1/4

2200210610

大连增值税专用发票
2200210610
№07464102
07464102

校验码 51283 28253 68794 09787　此联不作报销、扣税凭证使用　开票日期：2018 年 12 月 21 日

购买方	名　称：大连国际会议中心	密码区	（略）
	纳税人识别号：91210203600322000H		
	地址、电话：西岗区中山中路 66 号 0411-82562511		
	开户行及账号：农业银行 2102031212 51121079		

货物或应税劳务、服务名称	规格型号	单位	数量	单价	金额	税率	税额
*家具*二人桌		张	2 000	200.0000	400 000.00	16%	64 000.00
*家具*三人桌		张	2 000	300.0000	600 000.00	16%	96 000.00
合计					￥ 1 000 000.00		￥ 160 000.00

价税合计（大写）	⊗壹佰壹拾陆万元整	（小写）￥ 1 160 000.00

销售方	名　称：大连华枫家具制造有限公司	备注
	纳税人识别号：91210211777700111H	
	地址、电话：大连市甘井子区夏泊路 108 号 0411-82140000	
	开户行及账号：大连银行夏泊支行 800000208002222	

收款人：张艾佳　　复核：王云　　开票人：曲立立　　销售方：（章）

第一联：记账联　销售方记账凭证

业务 3.25-2/4

中国农业银行　转账支票（辽）　大连 II V 00101160

出票日期（大写）贰零壹捌年壹拾贰月贰拾壹日　付款行名称：农业银行开发区办事处
收款人：大连华枫家具制造有限公司　出票人账号：210203121251121079

人民币（大写）	玖拾贰万捌仟元整	亿	千	百	十	万	千	百	十	元	角	分
				¥	9	2	8	0	0	0	0	0

用途货款
上列款项请从
我账户内支付
出票人签章

科目（借）
对方科目（贷）
转账日期　年 月 日
复核　　　　记账

业务 3.25-3/4

产品出库单

2018 年 12 月 21 日　　　　　　0002 号

产品编号	产品名称规格	单位	数量	单位成本	总成本	备注
01001	二人桌	张	2 000			
01002	三人桌	张	2 000			
合　计						

主管：谭世俊　　　保管：王清清　　　检验：洪鸿　　　制单：宫小威

业务 3.25-4/4

大连银行 BANK OF DALIAN　进账单（回单）　2

2018 年 12 月 21 日

出票人	全　称	大连国际会议中心	收款人	全　称	大连华枫家具制造有限公司
	账　号	210203121251121079		账　号	800000208002222
	开户银行	农业银行开发区办事处		开户银行	大连银行夏泊支行

金额	人民币（大写）	玖拾贰万捌仟元整	亿	千	百	十	万	千	百	十	元	角	分
						¥	9	2	8	0	0	0	0	0

票据种类	转账支票	票据张数	1
票据号码		101160	

大连银行夏泊支行
2018 年 12 月 21 日
转讫

复核　　　记账　　　　　收款人开户银行签章

此联是开户银行交给持（出）票人的回单

业务 3.26-1/3

边角料销售表

品种	计量单位	数量	单价（元）	金额（元）
塑料桶	个	200	5	1 000
边角木料	千克	400	2	800
合计				￥1 800.00

业务 3.26-2/3

2200210610

2200210610

大连增值税普通发票

№07465101

07465101

检验码 51283 28253 68794 09787　此联不作报销 扣税凭证使用　　开票日期：2018 年 12 月 21 日

购买方	名　　称：王晓敏 纳税人识别号：111001198812030979 地址、电话： 开户行及账号：					密码区	（略）

货物或应税劳务、服务名称	规格型号	单位	数量	单价	金额	税率	税额
*木制品*边角木料		千克	400	1.724138	689.66	16%	110.34
*塑料制品*塑料桶		个	200	4.310345	862.07	16%	137.93
合计					￥1 551.73		￥248.27

价税合计（大写）	⊗壹仟捌佰元整	（小写）￥1 800.00

销售方	名　　称：大连华枫家具制造有限公司 纳税人识别号：91210211777700111H 地址、电话：大连市甘井子区夏泊路 108 号 0411-82140000 开户行及账号：大连银行夏泊支行 800000208002222	备注

收款人：张艾佳　　　　复核：王云　　　　开票人：曲立立　　　　销售方：（章）

第一联：记账联　销售方记账凭证

业务 3.26-3/3

现金送（缴）款单

2018 年 12 月 21 日

客户填写	单位名称	大连华枫家具制造有限公司		收款人	开户行	大连银行夏泊支行								
	单位账号	800000208002222			款项来源	卖边角料收款								
	币种及金额 （大写）	人民币壹仟捌佰元整				千	百	十	万	千	百	十	元	角	分
					大连银行夏泊支行 2018年12月21日 转讫					8	0	0	0	0

银行专用栏	交易码：0810 现金存入　交易日期：2018.12.21　柜员交易号：72115-1-0157-0032 个人 币种及金额（大写）人民币壹仟捌佰元整 （小写）RMB1 800.00 摘要：		银行签章：

会计主管　　　　　复核（授权）人　　　　　柜员

业务 3.27

大连银行 BANK OF DALIAN		
收费客户回单		
2018 年 12 月 21 日		

账号：800000208002222

户名：大连华枫家具制造有限公司

交易量：1　　　　　　　　　　　交易金额：　　　　　　　　　币种：01

业务种类：银行汇票

收费种类名称	收费金额
利息支出	1 166.67

收费合计（大写）：壹仟壹佰陆拾陆元陆角柒分

收费合计（小写）：1 166.67

起息日：20181214　　　　止息日：20181220

交易柜员：赵阳

（印章：大连银行 夏泊支行 业务专用章（01））

业务 3.28

大连银行 BANK OF DALIAN		
收费客户回单		
2018 年 12 月 21 日		

账号：800000208002222

户名：大连华枫家具制造有限公司

交易量：1　　　　　　　　　　　交易金额：　　　　　　　　　币种：01

业务种类：银行汇票

收费种类名称	收费金额
利息收入	986.30

收费合计（大写）：玖佰捌拾陆元叁角整

收费合计（小写）：986.30

起息日：20181119　　　　止息日：20181220

交易柜员：赵阳

（印章：大连银行 夏泊支行 业务专用章（01））

业务 3.29-1/3

2200210610

2200210610

大连增值税专用发票　No07466472　07466472

校验码 51283 28253 68794 7181

开票日期：2018 年 12 月 24 日

购买方	名　　称：大连华枫家具制造有限公司 纳税人识别号：91210211777700111H 地址、电话：大连市甘井子区夏泊路 108 号 0411-82140000 开户行及账号：大连银行夏泊支行 800000208002222	密码区　（略）

货物或应税劳务、服务名称	规格型号	单位	数量	单价	金额	税率	税额
*印刷品*报刊杂志			12	100.0000	1 200.00	10%	120.00
合计					￥1 200.00		￥120.00

价税合计（大写）	⊗壹仟叁佰贰拾元整	（小写）￥1 320.00

销售方	名　　称：中国邮政集团公司大连市分公司 纳税人识别号：91210200711 3776134M 地址、电话：辽宁省大连市中山区中山广场 10 号 0411-86168888 开户行及账号：中国银行大连中山支行 210202123432195857	备注

收款人：王婷　　复核：刘艳艳　　开票人：于研

第二联：抵扣联　购买方扣税凭证

业务 3.29-2/3

2200210610

2200210610

大连增值税专用发票　No07466472　07466472

校验码 51283 28253 68794 7181

开票日期：2018 年 12 月 24 日

购买方	名　　称：大连华枫家具制造有限公司 纳税人识别号：91210211777700111H 地址、电话：大连市甘井子区夏泊路 108 号 0411-82140000 开户行及账号：大连银行夏泊支行 800000208002222	密码区　（略）

货物或应税劳务、服务名称	规格型号	单位	数量	单价	金额	税率	税额
*印刷品*报刊杂志			12	100.0000	1 200.00	10%	120.00
合计					￥1 200.00		￥120.00

价税合计（大写）	⊗壹仟叁佰贰拾元整	（小写）￥1 320.00

销售方	名　　称：中国邮政集团公司大连市分公司 纳税人识别号：91210200711 3776134M 地址、电话：辽宁省大连市中山区中山广场 10 号 0411-86168888 开户行及账号：中国银行大连中山支行 210202123432195857	备注

收款人：王婷　　复核：刘艳艳　　开票人：于研

第三联：发票联　购买方记账凭证

业务 3.29-3/3

大连银行	
转账支票存根	
10205120	
10565226	

附加信息

_____

出票日期 2018 年 12 月 24 日

收款人：中国邮政集团公司大连市分公司

金　额：￥1 320.00

用　途：报纸杂志费

单位主管　　会计

	大连银行 BANK OF DALIAN	转账支票	**10205120** 10565226

出票日期（大写）贰零壹捌年壹拾贰月贰拾肆日　　付款行名称：大连银行夏泊支行

收款人：中国邮政集团公司大连市分公司　　出票人账号：800000208002222

人民币（大写）壹仟叁佰贰拾元整

亿	千	百	十	万	千	百	十	元	角	分
					￥	1	3	2	0	0	0

付款期限自出票之日起十天

用途 报纸杂志费

上列款项请从我账户内支付

出票人签章

密码 7606 6328 7174 8223

行号 102651002365

复核　　　　记账

业务 3.30-1/3

2200210610

		2200210610
2200210610	大连增值税专用发票	№07464103　07464103

校验码 51283 28253 68794 09787　此联不作报销、扣税凭证使用　开票日期：2018 年 12 月 24 日

购买方	名　　称：大连国际会议中心					密码区	（略）	第一联：记账联　销售方记账凭证
	纳税人识别号：91210203600322000H							
	地址、电话：西岗区中山中路 66 号 0411-82562511							
	开户行及账号：农业银行 21020312125 1121079							

货物或应税劳务、服务名称	规格型号	单位	数量	单价	金额	税率	税额
*家具*二人桌		张	300	200.0000	60 000.00	16%	9 600.00
*家具*三人桌		张	300	300.0000	90 000.00	16%	14 400.00
合计					￥ 150 000.00		￥ 24 000.00

价税合计（大写）	⊗壹拾柒万肆仟元整	（小写）￥ 174 000.00

销售方	名　　称：大连华枫家具制造有限公司	备注
	纳税人识别号：91210211777700111H	
	地址、电话：大连市甘井子区夏泊路 108 号 0411-82140000	
	开户行及账号：大连银行夏泊支行 800000208002222	

收款人：张艾佳　　　复核：王云　　　开票人：曲立立　　　销售方：（章）

业务 3.30-2/3

银行承兑汇票

出票日期
（大写）贰零壹捌年壹拾贰月贰拾肆日

2

10200052
20312724

付款人	全 称	大连国际会议中心	收款人	全 称	大连华枫家具制造有限公司
	账 号	210203121251121079		账 号	800000208002222
	开户银行	中国农业银行开发区办事处		开户银行	大连银行夏泊支行

出票金额	人民币（大写） 壹拾柒万肆仟元整	亿 千 百 十 万 千 百 十 元 角 分
		￥ 1 7 4 0 0 0 0 0

汇票到期日（大写）	贰零壹玖年壹月贰拾叁日	付款行	行 号	102651002314
承兑协议编号	农承字 201812088		地 址	大连市金州区辽河西路127号

本票据请你行承兑，到期无条件付款。

本汇票已经承兑，到期日由本行付款。

出票人签章：

承兑日期 年 月 日

承兑行签章

备注：

复核 记账

业务 3.30-3/3

产成品出库单

2018 年 12 月 24 日

0003 号

产品编号	产品名称规格	单位	数量	单位成本	总成本	备注
01001	二人桌	张	300			
01002	三人桌	张	300			
合 计						

主管：谭世俊   保管：王清清   检验：洪鸿   制单：宫小威

业务 3.31-1/2

大连银行
现金支票存根
10205110
50241013

附加信息
_____

出票日期 2018 年 12 月 24 日

收款人：大连华枫家具制造有限公司

金　额：￥12 000.00

用　途：困难补助

单位主管　　会计

大连银行
BANK OF DALIAN　　**现金支票**　　**10205110**　　50241013

出票日期（大写）贰零壹捌年壹拾贰月贰拾肆日

收款人：大连华枫家具制造有限公司

付款行名称：大连银行夏泊支行

出票人账号：800000208002222

	亿	千	百	十	万	千	百	十	元	角	分
人民币（大写）壹万贰仟元整 | | | | | ￥ | 1 | 2 | 0 | 0 | 0 | 0 |

用途 困难补助

上列款项请从我账户内支付

出票人签章

密码 2871 6384 7628 0472

复核　　　　记账

（财务专用章：大连华枫家具制造有限公司）
（飞夏印羽）

业务 3.31-2/2

职工困难补助发放表

2018 年 12 月 24 日

序号	姓名	金额	签名
1	杨小威	4 000.00	杨小威
2	崔京花	3 000.00	崔京花
3	洪鸿	2 000.00	洪鸿
4	温涛	2 000.00	温涛
5	夏明海	1 000.00	夏明海
	合计	12 000.00	

业务 3.32-1/4

大连银行　BANK OF DALIAN　**电汇凭证**（回单）　**1**

☑普通　□加急

委托日期 2018 年 12 月 25 日

16345533

汇款人	全称	大连华枫家具制造有限公司	收款人	全称	山东宝灵板材厂
	账号	800000208002222		账号	958202123455555900
	汇出地点	辽宁省大连市/县		汇入地点	山东省济南市/县
汇出行名称		大连银行夏泊支行	汇入行名称		兴业银行济南分行

金额	人民币（大写）	玖拾玖万陆仟伍佰柒拾柒元伍角整	亿	千	百	十	万	千	百	十	元	角	分
					￥	9	9	6	5	7	7	5	0

大连银行夏泊支行
2018 年 12 月 25 日
转讫

支付密码

附加信息及用途：
补付货款

汇出行签章　　　　复核　　　　记账

此联汇出行给汇款人的回单

业务 3.32-2/4

2201061551

大连增值税专用发票　№50211329

2201061551

50211329

校验码 73218 28209 50233 28113　　开票日期：2018 年 12 月 25 日

| 购买方 | 名　称：大连华枫家具制造有限公司
纳税人识别号：91210211777700111H
地址、电话：大连市甘井子区夏泊路 108 号 0411-82140000
开户行及账号：大连银行夏泊支行 800000208002222 | 密码区 | （略） |

货物或应税劳务、服务名称	规格型号	单位	数量	单价	金额	税率	税额
*现代服务*手续费			1	9.9657	9.97	6%	0.60
合计					￥9.97		￥0.60

价税合计（大写）⊗壹拾元伍角柒分　（小写）￥10.57

| 销售方 | 名　称：大连银行夏泊支行
纳税人识别号：9134070099501541E
地址、电话：大连市大华路 2 号 028-88668866
开户行及账号：大连银行夏泊支行 5100232656302698450 | 备注 | 大连银行夏泊支行
9134070099501541E
发票专用章 |

收款人：明森　　复核：吴浩　　开票人：林丽

第二联：抵扣联　购买方扣税凭证

业务 3.32-3/4

2201061551

大连增值税专用发票　№50211329

2201061551

50211329

校验码 73218 28209 50233 28113　　开票日期：2018 年 12 月 25 日

| 购买方 | 名　称：大连华枫家具制造有限公司
纳税人识别号：91210211777700111H
地址、电话：大连市甘井子区夏泊路 108 号 0411-82140000
开户行及账号：大连银行夏泊支行 800000208002222 | 密码区 | （略） |

货物或应税劳务、服务名称	规格型号	单位	数量	单价	金额	税率	税额
*现代服务*手续费			1	9.9657	9.97	6%	0.60
合计					￥9.97		￥0.60

价税合计（大写）⊗壹拾元伍角柒分　（小写）￥10.57

| 销售方 | 名　称：大连银行夏泊支行
纳税人识别号：9134070099501541E
地址、电话：大连市大华路 2 号 028-88668866
开户行及账号：大连银行夏泊支行 5100232656302698450 | 备注 | 大连银行夏泊支行
9134070099501541E
发票专用章 |

收款人：明森　　复核：吴浩　　开票人：林丽

第三联：发票联　购买方记账凭证

业务 3.32-4/4

大连银行 BANK OF DALIAN

收费客户回单

2018 年 12 月 25 日

账号：800000208002222

户名：大连华枫家具制造有限公司

交易量：3　　交易金额：　　币种：01

业务种类：银行汇票

收费种类名称	收费金额
手续费	10.57

收费合计（大写）：壹拾元伍角柒分

收费合计（小写）：10.57

交易柜员：赵阳

大连银行夏泊支行 业务专用章 （01）

业务 3.33-1/2

大连市公益事业捐赠统一票据

DALIAN UNIFIED INVOICE OF DONATION FOR PUBLIC WELFARE

捐赠人：大连华枫家具制造有限公司　2018 年 12 月 25 日　辽财政监督字 1812-1 号

Donor　Y M D　NO.0000056633

大连市财政局监制（2018 印制）

捐赠项目 For Purpose	实物（外币）种类 Material objects（Currency）	数量 Amount	金额 Total Amount
希望工程捐款			3 000.00
金额合计（小写）in Figures			3 000.00
金额合计（大写）in Words	叁仟元整		

第二联 收据

大连市红十字会 财务专用章

收款单位（盖章）Receiver's seal　　复核人：王霞 Verified by　　开票人：李想 Handing Person

业务 3.33-2/2

大连银行
转账支票存根
10205120
10565227
附加信息
_____
_____
出票日期 2018 年 12 月 25 日
收款人：大连市红十字会
金　额：￥3 000.00
用　途：捐款
单位主管　　　会计

大连银行 BANK OF DALIAN　　转账支票　　10205120　10565227

出票日期（大写）贰零壹捌年壹拾贰月贰拾伍日　　付款行名称：大连银行夏泊支行

收款人：大连市红十字会　　出票人账号：800000208002222

人民币（大写）叁仟元整　　亿 千 百 十 万 千 百 十 元 角 分　￥3 0 0 0 0 0

用途：捐款

上列款项请从我账户内支付

付款期限自出票之日起十天

出票人签章

密码 7606 6328 7174 8002

行号 102651002365

复核　　　　记账

（大连华枫家具制造有限公司 财务专用章）　（飞夏印羽）

业务 3.34-1/5

2200210610

2200210610　　大连增值税专用发票　　№07464758　　07464758

校验码 51283 28253 68794 8181　　开票日期：2018 年 12 月 25 日

购买方	名　　称：大连华枫家具制造有限公司						密码区	（略）	
	纳税人识别号：91210211777700111H								
	地址、电话：大连市甘井子区夏泊路 108 号 0411-82140000								
	开户行及账号：大连银行夏泊支行 800000208002222								
货物或应税劳务、服务名称	规格型号	单位	数量	单价	金额	税率	税额		
*家具配件*零配件			100	10.0000	1 000.00	16%	160.00		
合计					￥1 000.00		￥160.00		
价税合计（大写）　⊗壹仟壹佰陆拾元整					（小写）￥1 160.00				
销售方	名　　称：大连机电大世界						备注		
	纳税人识别号：91210202123977771M								
	地址、电话：辽宁省大连市甘井子区石砻 11 号 0411-86562084								
	开户行及账号：中国银行大连甘井子支行 210202123455596651								

第二联：抵扣联　购买方扣税凭证

收款人：陆静　　复核：耿乐　　开票人：宋佳妮

（大连机电大世界 91210202123977771M 发票专用章 销售方（章））

业务 3.34-2/5

2200210610

大连增值税专用发票　№ 07464758　　2200210610

07464758

校验码 51283 28253 68794 8181　　开票日期：2018 年 12 月 25 日

购买方	名　　称：	大连华枫家具制造有限公司
	纳税人识别号：	91210211777700111H
	地址、电话：	大连市甘井子区夏泊路 108 号 0411-82140000
	开户行及账号：	大连银行夏泊支行 800000208002222

密码区　（略）

第三联：发票联　购买方记账凭证

货物或应税劳务、服务名称	规格型号	单位	数量	单价	金额	税率	税额
*家具配件*零配件			100	10.0000	1 000.00	16%	160.00
合　计					￥1 000.00		￥160.00

价税合计（大写）　⊗壹仟壹佰陆拾元整　　　　（小写）￥1 160.00

销售方	名　　称：	大连机电大世界
	纳税人识别号：	91210202123977771M
	地址、电话：	辽宁省大连市甘井子区石砾 11 号 0411-86562084
	开户行及账号：	中国银行大连甘井子支行 21020212345596651

备注

大连机电大世界
91210202123977771M
发票专用章

收款人：陆静　　　复核：耿乐　　　开票人：宋佳妮

业务 3.34-3/5

大连银行	
转账支票存根	
10205120	
10565228	
附加信息	
_____	
出票日期 2018 年 12 月 25 日	
收款人：大连机电大世界	
金　额：￥1 160.00	
用　途：购买零配件	
单位主管　　会计	

大连银行
BANK OF DALIAN　　转账支票　　10205120

10565228

出票日期（大写）贰零壹捌年壹拾贰月贰拾伍日　　付款行名称：大连银行夏泊支行

收款人：大连机电大世界　　出票人账号：800000208002222

人民币（大写）	壹仟壹佰陆拾元整	亿	千	百	十	万	千	百	十	元	角	分
						￥	1	1	6	0	0	0

用途 购买零配件

上列款项请从我账户内支付

付款期限自出票之日起十天

出票人签章

密码 7606 6328 7174 8045

行号 102651002365

复核　　　　记账

大连华枫家具制造有限公司
财务专用章

飞夏印羽

业务 3.34-4/5

低值易耗品验收单

申购单位：生产车间　　　　　　　　　2018 年 12 月 25 日　　　　　　　　验收单号：18202

品名	数量	单价（元）	金额（元）	备注
零配件	100	10.00	1 000.00	生产车间
合计			1 000.00	

验收人签章：谭世俊

业务 3.34-5/5

低值易耗品领用单

申购单位：生产车间　　　　　　　　　　　　　　　　　　　　领用单号：18239

名称	零配件			规格型号	
销售商	大连机电大世界			购置日期	2018.12.25
单价	10	数量	100	计量单位	个
发票号				到货日期	2018.12.25
采购人	马天啸	领用人	谭世俊	验收日期	2018.12.25
随机资料					
领用部门	生产车间				

业务 3.35-1/3

2200210610

2200210610　　　　大连增值税专用发票　　№07465647　　07465647

校验码 51283 28253 68794 0281　　　　　　　　开票日期：2018 年 12 月 26 日

购买方	名　　称：大连华枫家具制造有限公司 纳税人识别号：91210211777700111H 地址、电话：大连市甘井子区夏泊路 108 号 0411-82140000 开户行及账号：大连银行夏泊支行 800000208002222	密码区	（略）

货物或应税劳务、服务名称	规格型号	单位	数量	单价	金额	税率	税额
*广告代理服务*广告费			1	50 000.00	50 000.00	6%	3 000.00
合计					￥50 000.00		￥3 000.00

价税合计（大写）	⊗伍万叁仟元整	（小写）￥53 000.00

销售方	名　　称：大连天地伟业广告传播有限公司 纳税人识别号：91210200751559809D 地址、电话：辽宁省大连市西岗区莲花山路 41 号 0411-83637899 开户行及账号：中国银行大连西岗支行 2102021212789369258	备注	

收款人：罗飞　　　　复核：孟佳　　　　开票人：张莉莉

大连天地伟业广告传播有限公司
91210200751559809D
发票专用章
销售方：（章）

第二联：抵扣联　购买方扣税凭证

业务 3.35-2/3

大连增值税专用发票

2200210610

2200210610

校验码 51283 28253 68794 0281

№07465647　07465647

开票日期：2018 年 12 月 26 日

购买方	名　　称：大连华枫家具制造有限公司	密码区	（略）
	纳税人识别号：91210211777700111H		
	地址、电话：大连市甘井子区夏泊路 108 号 0411-82140000		
	开户行及账号：大连银行夏泊支行 800000208002222		

货物或应税劳务、服务名称	规格型号	单位	数量	单价	金额	税率	税额
*广告代理服务*广告费			1	50 000.00	50 000.00	6%	3 000.00
合　计					¥ 50 000.00		¥ 3 000.00

价税合计（大写）	⊗伍万叁仟元整	（小写）　¥ 53 000.00

销售方	名　　称：大连天地伟业广告传播有限公司	备注	
	纳税人识别号：91210200751559809D		
	地址、电话：辽宁省大连市西岗区莲花山路 41 号 0411-83637899		
	开户行及账号：中国银行大连西岗支行 2102021212789369258		

收款人：罗飞　　　　复核：孟佳　　　　开票人：张莉莉

第三联：发票联　购买方记账凭证

业务 3.35-3/3

大连银行
转账支票存根
10205120
10565229

附加信息

出票日期 2018 年 12 月 26 日

收款人：大连天地伟业广告传播有限公司

金　额：¥ 53 000.00

用　途：支付广告费

单位主管　　　会计

大连银行 BANK OF DALIAN　转账支票

10205120
10565229

出票日期（大写）贰零壹捌年壹拾贰月贰拾陆日

收款人：大连天地伟业广告传播有限公司

付款行名称：大连银行夏泊支行

出票人账号：800000208002222

人民币（大写）	伍万叁仟元整	亿	千	百	十	万	千	百	十	元	角	分
					¥	5	3	0	0	0	0	0

用途 支付广告费

上列款项请从我账户内支付

出票人签章

密码 7606 6328 7174 8012

行号 102651002365

复核　　　　记账

业务 3.36

产成品入库单

2018 年 12 月 27 日

编号	品名	包装规格	数量	生产日期	批号	检验单号
01001	二人桌		4 000.00	2018/12/27	03	18003
01002	三人桌		4 000.00	2018/12/27	03	18003

入库人：洪鸿　　　　　复核人：王清清　　　　　库管员：刘天娇

业务 3.37-1/4

2200210610

大连增值税专用发票　　No07464104　　07464104

2200210610

校验码 51283 28253 68794 09787　此联不作报销、扣税凭证使用　　开票日期：2018 年 12 月 27 日

购买方	名　　称：大连远东公司 纳税人识别号：91210203600322765H 地址、电话：西岗区中山中路 10 号 0411-82562225 开户行及账号：工商银行 210203121251321654	密码区	（略）

货物或应税劳务、服务名称	规格型号	单位	数量	单价	金额	税率	税额
*家具*二人桌		张	4 000	20.0000	800 000.00	16%	128 000.00
*家具*三人桌		张	4 000	30.0000	1 200 000.00	16%	192 000.00
合计					￥ 2 000 000.00		￥ 320 000.00

价税合计（大写）	⊗贰佰叁拾贰万元整	（小写）￥ 2 320 000.00

销售方	名　　称：大连华枫家具制造有限公司 纳税人识别号：91210211777700111H 地址、电话：大连市甘井子区夏泊路 108 号 0411-82140000 开户行及账号：大连银行夏泊支行 800000208002222	备注	

收款人：张艾佳　　　　复核：王云　　　　　开票人：曲立立　　　　　销售方：（章）

第一联：记账联　销售方记账凭证

业务 3.37-2/4

产成品出库单

2018 年 12 月 27 日

0004 号

产品编号	产品名称规格	单位	数量	单位成本	总成本	备注
01001	二人桌	张	4 000			
01002	三人桌	张	4 000			
合　计						

主管：谭世俊　　　保管：王清清　　　　检验：洪鸿　　　　制单：宫小威

业务 3.37-3/4

中国工商银行　　　**转账支票**　　10205120　10565214

出票日期（大写）贰零壹捌年壹拾贰月贰拾柒日　　付款行名称：中国工商银行大连大华支行

收款人：大连华枫家具制造有限公司　　出票人账号：210203121251321654

付款期限自出票之日起十天

人民币（大写）　壹佰壹拾陆万元整

亿	千	百	十	万	千	百	十	元	角	分
	¥	1	1	6	0	0	0	0	0	0

用途 支付购货款

上列款项请从我账户内支付

出票人签章

密码 7606 6328 7184 9870

行号 102651002314

大连远东公司　财务专用章

印丁俊

复核　　　记账

业务 3.37-4/4

大连银行 BANK OF DALIAN　**进账单**（回　单）　**2**

2018 年 12 月 27 日

出票人	全　称	大连远东公司	收款人	全　称	大连华枫家具制造有限公司	
	账　号	210203121251321654		账　号	800000208002222	
	开户银行	中国工商银行大连大华支行		开户银行	大连银行夏泊支行	

金额	人民币（大写）	壹佰壹拾陆万元整	亿	千	百	十	万	千	百	十	元	角	分
				¥	1	1	6	0	0	0	0	0	0

票据种类	转账支票	票据张数	1
票据号码	10565214		

大连银行夏泊支行　2018 年 12 月 27 日　转讫

复核　　　记账　　　　　　　　　　　收款人开户银行签章

此联是开户银行交给持（出）票人的回单

业务 3.39-1/4

开具红字增值税专用发票通知单

填开日期：2018 年 12 月 28 日　　　　　　　　　　　　　　　　NO.10008899

<table>
<tr><td rowspan="2">销售方</td><td>名　称</td><td>大连艺海装饰材料公司</td><td rowspan="2">购买方</td><td>名　称</td><td colspan="3">大连华枫家具制造有限公司</td></tr>
<tr><td>税务登记代码</td><td>91210202123696666H</td><td>税务登记代码</td><td colspan="3">91210211777700111H</td></tr>
<tr><td rowspan="3">开具红字专用发票内容</td><td>货物（劳务）名称</td><td>数量</td><td>单价</td><td>金额</td><td>税率</td><td>税额</td></tr>
<tr><td>三人桌包装纸箱</td><td>-100</td><td>8</td><td>-800.00</td><td>16%</td><td>-128.00</td></tr>
<tr><td>合计</td><td></td><td></td><td>-800.00</td><td></td><td>-128.00</td></tr>
<tr><td>说明</td><td colspan="6">一、购买方申请☑
对应蓝字专用发票抵扣增值税销项税额情况：
1.需要作进项税额转出☑
2.不需要作进项税额转出☐
（1）无法认证☐
（2）纳税人识别号认证不符☐
（3）增值税专用发票代码、号码认证不符☐
（4）所购货物不属于增值税扣税项目范围☐
对应蓝字专用发票密码区内打印的代码：　2200210610　
　　　　　　　　　　　　　号码：　07463341　
二、销售方申请☐
（1）因开票有误购买方拒收的☐
（2）因开票有误等原因尚未交付的☐
（3）销货退回☐
对应蓝字专用发票密码区内打印的代码：＿＿＿＿＿＿＿
　　　　　　　　　　　　　号码：＿＿＿＿＿＿＿
开具红字专用发票理由：与合同规定质量不符销货退回。</td></tr>
</table>

经办人：　　　　　负责人：　　　　　主管税务机关名称（印章）：＿＿＿＿＿＿＿＿

注：1.本通知单一式三联：第一联，申请方主管税务机关留存；第二联，申请方送交对方留存；第三联，申请方留存。

　　2.通知单应与申请单一一对应。

业务 3.39-2/4

	2200210610							2200210610		

2200210610　大连增值税专用发票　№07463362　07463362

校验码 51283 28253 68794 29786　　开票日期：2018 年 12 月 28 日

购买方	名　称：大连华枫家具制造有限公司 纳税人识别号：91210211777700111H 地址、电话：大连市甘井子区夏泊路 108 号 0411-82140000 开户行及账号：大连银行夏泊支行 800000208002222	密码区	（略）

货物或应税劳务、服务名称	规格型号	单位	数量	单价	金额	税率	税额
*纸制品*三人桌包装纸箱		个	-100	8.0000	-800.00	16%	-128.00
合计					¥-800.00		¥-128.00

价税合计（大写）⊗（负数）玖佰贰拾捌元整　　　（小写）¥-928.00

销售方	名　称：大连艺海装饰材料公司 纳税人识别号：91210202123696666H 地址、电话：大连市西岗区香海街 11 号 0411-86561111 开户行及账号：中信银行大连西岗支行 21020212345559003	备注	大连艺海装饰材料公司 91210202123696666H 发票专用章 销售方：（章）

收款人：王岩　　复核：郑敏　　开票人：李丽

第二联：抵扣联　购买方扣税凭证

- - - - - -

业务 3.39-3/4

2200210610　大连增值税专用发票　№07463362　07463362

校验码 51283 28253 68794 29786　　开票日期：2018 年 12 月 28 日

购买方	名　称：大连华枫家具制造有限公司 纳税人识别号：91210211777700111H 地址、电话：大连市甘井子区夏泊路 108 号 0411-82140000 开户行及账号：大连银行夏泊支行 800000208002222	密码区	（略）

货物或应税劳务、服务名称	规格型号	单位	数量	单价	金额	税率	税额
*纸制品*三人桌包装纸箱		个	-100	8.0000	-800.00	16%	-128.00
合计					¥-800.00		¥-128.00

价税合计（大写）⊗（负数）玖佰贰拾捌元整　　　（小写）¥-928.00

销售方	名　称：大连艺海装饰材料公司 纳税人识别号：91210202123696666H 地址、电话：大连市西岗区香海街 11 号 0411-86561111 开户行及账号：中信银行大连西岗支行 21020212345559003	备注	大连艺海装饰材料公司 91210202123696666H 发票专用章 销售方：（章）

收款人：王岩　　复核：郑敏　　开票人：李丽

第三联：发票联　购买方记账凭证

业务 3.39-4/4

大连银行　业务回单（收款）　凭证
BANK OF DALIAN

入账日期：2018 年 12 月 28 日　　　　　　　　回单编号：12340561

付款人户名：大连艺海装饰材料公司

付款人账号：210202123455599003

付款人开户行/发报行：中信银行

收款人户名：大连华枫家具制造有限公司

收款人账号：800000208002222

收款人开户行：大连银行夏泊支行

币种：人民币（本位币）　　　金额（小写）：￥928.00

金额（大写）：玖佰贰拾捌元整

凭证种类：　　　　　　　　　　凭证号：

业务（产品）种类：跨行收报　摘要：退货款　渠道：同业清算互联前置

交易机构号：0020000034　记账柜员：16　交易代码：41002　用途：

附言：退货款　支付交易序号：812008　报文种类：CWT100

委托日期：2018-12-28　　业务种类：普通汇兑　收款人地址：大连市甘井子区夏泊路

付款人地址：大连市西岗区香海街 11 号

打印次数：1　　机打回单注意重复　　打印日期：2018 年 12 月 28 日　　打印柜员：120001

业务 3.40-1/3

银行承兑汇票　　　　　2

10200052
20312724

出票日期（大写）：贰零壹捌年壹拾贰月贰拾肆日

付款人	全　称	大连国际会议中心	收款人	全　称	大连华枫家具制造有限公司
	账　号	2102031212511121079		账　号	800000208002222
	开户银行	中国农业银行开发区办事处		开户银行	大连银行夏泊支行

出票金额　人民币（大写）：壹拾柒万肆仟元整

亿	千	百	十	万	千	百	十	元	角	分
		￥	1	7	4	0	0	0	0	0

汇票到期日（大写）：贰零壹玖年壹月贰拾叁日

付款行　行　号：102651002314

承兑协议编号：农承字 201812088

付款行地址：大连市金州区辽河西路 127 号

本票据请你行承兑，到期无条件付款。

出票人签章：

本汇票已经承兑，到期日由本行付款。

承兑日期　年　月　日

承兑行签章

备注：

复核　　　记账

此联收款人开户行随托收凭证寄付款行作借方凭证附件

业务 3.40-2/3

贴现凭证（收账通知）

2018 年 12 月 31 日

<table>
<tr><td rowspan="3">申请人</td><td>全　称</td><td></td><td rowspan="3">贴现票据</td><td>种　类</td><td></td><td>号　码</td><td></td><td rowspan="13">此联是银行给持票人的收账通知</td></tr>
<tr><td>账　号</td><td></td><td>出票日期</td><td colspan="3"></td></tr>
<tr><td>开户银行</td><td></td><td>到期日期</td><td colspan="3"></td></tr>
<tr><td colspan="2">汇票承兑人
（银行）</td><td>名称</td><td></td><td>账号</td><td colspan="2" rowspan="1">开户银行</td><td></td></tr>
<tr><td colspan="2">汇票金额
（即票面金额）</td><td colspan="2">人民币（大写）壹拾柒万肆仟元整</td><td colspan="5">千 百 十 万 千 百 十 元 角 分
￥ 1 7 4 0 0 0 0 0 0</td></tr>
<tr><td colspan="2">年贴现率</td><td>贴现利息</td><td>667.00</td><td>实付贴现金额</td><td colspan="3">千 百 十 万 千 百 十 元 角 分
￥　　　　 6 6 7 0 0</td></tr>
<tr><td colspan="4">上述款项已划入你单位账户
此致

银行盖章
年 月 日</td><td colspan="4">备注：</td></tr>
</table>

业务 3.40-3/3

大连银行
BANK OF DALIAN

收费客户回单

2018 年 12 月 31 日

账号：800000208002222
户名：大连华枫家具制造有限公司

交易量：3　　　　　　　　交易金额：　　　　　　　币种：01

业务种类：银行汇票

收费种类名称	收费金额
贴现息	667.00

收费合计（大写）：陆佰陆拾柒元整

收费合计（小写）：667.00

（大连银行夏泊支行 业务专用章 (01)）

交易柜员：赵阳

第四单元　期末会计事项处理

业务4.1

材料入库单

供应单位：大连艺海装饰材料公司　　　　　　　　　　　　　　　入库单编号：004

申购单位：大连华枫家具制造有限公司　　2018 年 12 月 31 日　　收料仓库：原材料库

编号	名称	规格	单位	数量		实际成本				
						买价		运杂费	其他	合计
				应收	实收	单价	金额			
1	支架		个	4 000.00	4 000.00	6.00	24 000.00			24 000.00
2	固定底座		个	4 000.00	4 000.00	5.00	20 000.00			20 000.00
3	方钢管		米	2 400.00	2 400.00	8.00	19 200.00			19 200.00
	合计						63 200.00			63 200.00

审核人：王清清　　　　　财务负责人审核：赵轩　　　　　　经办人：刘天娇

业务4.2

固定资产折旧计算表

2018 年 12 月 31 日

固定资产类别	固定资产名称	数量	固定资产原值	残值率	使用年限	本期应提折旧金额	所属部门
合　计							

主管会计：　　　　　　　　　　　　　　　制单：

业务 4.3-1/3

工资计算表

部门编号	部门名称	员工编号	员工姓名	工资总额	养老保险(8%)	医疗保险(2%)	失业保险(0.2%)	住房公积金	小计	个人所得税	实发工资
01	办公室	101	夏羽飞	6 000.00	480.00	120.00	12.00	720.00	4 668.00		4 668.00
01	办公室	102	罗雪青	4 000.00	320.00	80.00	8.00	480.00	3 112.00		3 112.00
01	办公室	103	黄小娟	3 000.00	240.00	60.00	6.00	360.00	2 334.00		2 334.00
01	办公室	104	魏庆峰	3 000.00	240.00	60.00	6.00	360.00	2 334.00		2 334.00
01	办公室	105	杨咏	3 000.00	240.00	60.00	6.00	360.00	2 334.00		2 334.00
02	生产部	201	谭世俊	4 000.00	320.00	80.00	8.00	480.00	3 112.00		3 112.00
02	生产部	202	钱忠坤	3 500.00	280.00	70.00	7.00	420.00	2 723.00		2 723.00
02	生产部	203	郑旭飞	3 000.00	240.00	60.00	6.00	360.00	2 334.00		2 334.00
02	生产部	204	郭新鑫	3 000.00	240.00	60.00	6.00	360.00	2 334.00		2 334.00
02	生产部	205	宫为维	3 000.00	240.00	60.00	6.00	360.00	2 334.00		2 334.00
02	生产部	206	于旭晖	3 000.00	240.00	60.00	6.00	360.00	2 334.00		2 334.00
02	生产部	207	孙有粮	3 500.00	280.00	70.00	7.00	420.00	2 723.00		2 723.00
02	生产部	208	周新方	3 000.00	240.00	60.00	6.00	360.00	2 334.00		2 334.00
02	生产部	209	杨小健	3 000.00	240.00	60.00	6.00	360.00	2 334.00		2 334.00
02	生产部	210	黄军侠	3 000.00	240.00	60.00	6.00	360.00	2 334.00		2 334.00
02	生产部	211	孙有亮	3 000.00	240.00	60.00	6.00	360.00	2 334.00		2 334.00
02	生产部	212	王小溪	3 500.00	280.00	70.00	7.00	420.00	2 723.00		2 723.00

续表

部门编号	部门名称	员工编号	员工姓名	工资总额	养老保险(8%)	医疗保险(2%)	失业保险(0.2%)	住房公积金	小计	个人所得税	实发工资
02	生产部	213	祖利军	3 000.00	240.00	60.00	6.00	360.00	2 334.00		2 334.00
02	生产部	214	何爱军	3 000.00	240.00	60.00	6.00	360.00	2 334.00		2 334.00
02	生产部	215	宋伟强	3 000.00	240.00	60.00	6.00	360.00	2 334.00		2 334.00
02	生产部	216	赵银虎	3 000.00	240.00	60.00	6.00	360.00	2 334.00		2 334.00
02	生产部	217	安在奇	3 500.00	280.00	70.00	7.00	420.00	2 723.00		2 723.00
02	生产部	218	谢爱民	3 000.00	240.00	60.00	6.00	360.00	2 334.00		2 334.00
02	生产部	219	胡雪峰	3 000.00	240.00	60.00	6.00	360.00	2 334.00		2 334.00
02	生产部	220	杨小威	3 000.00	240.00	60.00	6.00	360.00	2 334.00		2 334.00
02	生产部	221	马颖超	3 000.00	240.00	60.00	6.00	360.00	2 334.00		2 334.00
02	生产部	222	盖增智	3 500.00	280.00	70.00	7.00	420.00	2 723.00		2 723.00
02	生产部	223	马黎明	3 000.00	240.00	60.00	6.00	360.00	2 334.00		2 334.00
02	生产部	224	祖明海	3 000.00	240.00	60.00	6.00	360.00	2 334.00		2 334.00
02	生产部	225	姜涵涵	3 000.00	240.00	60.00	6.00	360.00	2 334.00		2 334.00
02	生产部	226	孟子歧	3 500.00	280.00	70.00	7.00	420.00	2 723.00		2 723.00
02	生产部	227	吕明东	3 000.00	240.00	60.00	6.00	360.00	2 334.00		2 334.00
02	生产部	228	崔京花	3 000.00	240.00	60.00	6.00	360.00	2 334.00		2 334.00
02	生产部	229	郭艳丽	3 500.00	280.00	70.00	7.00	420.00	2 723.00		2 723.00

续表

部门编号	部门名称	员工编号	员工姓名	工资总额	养老保险 (8%)	医疗保险 (2%)	失业保险 (0.2%)	住房公积金	小计	个人所得税	实发工资
02	生产部	230	洪鸿	3 000.00	240.00	60.00	6.00	360.00	2 334.00		2 334.00
03	采购部	301	江若岩	4 000.00	320.00	80.00	8.00	480.00	3 112.00		3 112.00
03	采购部	302	由天明	3 500.00	280.00	70.00	7.00	420.00	2 723.00		2 723.00
03	采购部	303	马天啸	3 000.00	240.00	60.00	6.00	360.00	2 334.00		2 334.00
03	采购部	304	温涛	3 000.00	240.00	60.00	6.00	360.00	2 334.00		2 334.00
04	仓储部	401	王清清	4 000.00	320.00	80.00	8.00	480.00	3 112.00		3 112.00
04	仓储部	402	刘天骄	3 000.00	240.00	60.00	6.00	360.00	2 334.00		2 334.00
05	销售部	501	宫小威	4 500.00	360.00	90.00	9.00	540.00	3 501.00		3 501.00
05	销售部	502	曲立立	3 500.00	280.00	70.00	7.00	420.00	2 723.00		2 723.00
05	销售部	503	王艳艳	3 500.00	280.00	70.00	7.00	420.00	2 723.00		2 723.00
05	销售部	504	夏明海	3 000.00	240.00	60.00	6.00	360.00	2 334.00		2 334.00
06	财务部	601	赵轩	5 000.00	400.00	100.00	10.00	600.00	3 890.00		3 890.00
06	财务部	602	王云	4 000.00	320.00	80.00	8.00	480.00	3 112.00		3 112.00
06	财务部	603	张艾佳	3 000.00	240.00	60.00	6.00	360.00	2 334.00		2 334.00
06	财务部	604	刘涌	3 500.00	280.00	70.00	7.00	420.00	2 723.00		2 723.00
07	人力资源部	701	胡美玲	4 000.00	320.00	80.00	8.00	480.00	3 112.00		3 112.00
07	人力资源部	702	由天威	3 000.00	240.00	60.00	6.00	360.00	2 334.00		2 334.00
07	人力资源部	703	曲艺	3 000.00	240.00	60.00	6.00	360.00	2 334.00		2 334.00
总计				174 000.00	13 920.00	3 480.00	348.00	20 880.00	135 372.00		135 372.00

续表

部门编号	部门名称	员工编号	员工姓名	工资总额	养老保险(19%)	医疗保险(10%)	失业保险(0.8%)	生育保险(0.8%)	工伤保险(0.2%)	单位承担社保	单位承担住房公积金
02	生产部	230	洪鸿	3 000.00	570.00	300.00	24.00	24.00	6.00	924.00	360.00
03	采购部	301	江若岩	4 000.00	760.00	400.00	32.00	32.00	8.00	1 232.00	480.00
03	采购部	302	由天明	3 500.00	665.00	350.00	28.00	28.00	7.00	1 078.00	420.00
03	采购部	303	马天啸	3 000.00	570.00	300.00	24.00	24.00	6.00	924.00	360.00
03	采购部	304	温涛	3 000.00	570.00	300.00	24.00	24.00	6.00	924.00	360.00
04	仓储部	401	王清清	4 000.00	760.00	400.00	32.00	32.00	8.00	1 232.00	480.00
04	仓储部	402	刘天娇	3 000.00	570.00	300.00	24.00	24.00	6.00	924.00	360.00
05	销售部	501	宫小威	4 500.00	855.00	450.00	36.00	36.00	9.00	1 386.00	540.00
05	销售部	502	曲立立	3 500.00	665.00	350.00	28.00	28.00	7.00	1 078.00	420.00
05	销售部	503	王艳艳	3 500.00	665.00	350.00	28.00	28.00	7.00	1 078.00	420.00
05	销售部	504	夏明海	3 000.00	570.00	300.00	24.00	24.00	6.00	924.00	360.00
06	财务部	601	赵轩	5 000.00	950.00	500.00	40.00	40.00	10.00	1 540.00	600.00
06	财务部	602	王云	4 000.00	760.00	400.00	32.00	32.00	8.00	1 232.00	480.00
06	财务部	603	张艾佳	3 000.00	570.00	300.00	24.00	24.00	6.00	924.00	360.00
06	财务部	604	刘涌	3 500.00	665.00	350.00	28.00	28.00	7.00	1 078.00	420.00
07	人力资源部	701	胡美玲	4 000.00	760.00	400.00	32.00	32.00	8.00	1 232.00	480.00
07	人力资源部	702	由天威	3 000.00	570.00	300.00	24.00	24.00	6.00	924.00	360.00
07	人力资源部	703	曲艺	3 000.00	570.00	300.00	24.00	24.00	6.00	924.00	360.00
总计				174 000.00	33 060.00	17 400.00	1 392.00	1 392.00	348.00	53 592.00	20 880.00

业务 4.3-3/3

工资计算表

单位：元

部门名称	工资总额	养老保险	医疗保险	失业保险	住房公积金	个人所得税	实发工资
办公室							
生产部门							
采购部							
仓储部							
财务部							
人力资源部							
销售部							
合计							

业务 4.4

无形资产摊销单

申购单位：财务部　　　　　　　2018 年 12 月 31 日　　　　　　　单位：元

品名	数量	原价	开始摊销日期	已摊销月份	摊销年限	月摊销金额
财务软件	1 套	20 000.00	2018-11-30	0	2 年	833.33

财务部审核：赵轩　　　　　　总经理审核：夏羽飞　　　　　　经办人：王云

业务 4.5

借款利息计算表

2018 年 12 月 31 日　　　　　　　金额单位：元

借款证号	借款类型	计息起止期	本期计息期	借款金额	月利率	本期应计利息	已提利息

业务 4.7

制造费用分配表

2018 年 12 月 31 日　　　　　　　　金额单位：元

分配对象（产品）	制造费用	分配标准	分配率	分配金额

财务主管：　　　　　　　　　制单：

业务 4.8-1/2

产成品入库单

年　月　日　　　　　　　　金额单位：元

产品编号	产品名称	计量单位	实收数量	单位成本	总成本	备注
1	二人桌	张				
2	三人桌	张				
	合计					

主管：　　　　　　保管：　　　　　　交库：　　　　　　会计：

业务 4.8-2/2

完工产品成本汇总表

年　月　日　　　　　　　　金额单位：元

产品编号	产品名称	计量单位	产量	直接材料	直接人工	制造费用	总成本	单位成本
合计								

主管：　　　　　　保管：　　　　　　交库：　　　　　　会计：

业务 4.9

产成品出库单

年　月　日

金额单位：元

产品编号	产品名称	计量单位	数量	单位成本	总成本	备注
1	二人桌	张				
2	三人桌	张				
	合计					

主管：　　　　　保管：　　　　　交库：　　　　　会计：

业务 4.10

坏账准备计算表

年　月　日

金额单位：元

项目	期末余额	提取坏账比率	按应收款项计算应提坏账准备金额 ①	提取前坏账准备账户期末余额（贷方为负）②	应提取的坏账准备金 ③=①+②
合　计					

主管会计：　　　　　　　　　　制单：

业务 4.11

财产清查报告单

年　月　日

金额单位：元

财产名称	单位	账存数	实存数	盘盈			盘亏			原因
				数量	单价	金额	数量	单价	金额	
合计										

财务：　　　　　主管：　　　　　保管：　　　　　制单：

业务 4.12-1/2

大连银行客户存款对账单

网点号：0098　　　币种：人民币（本位币）　　　单位：元　　　2018年　　　页码：1

户名：大连华枫家具制造有限公司　　　　　　　　　　　　　　　　上页余额：7 803 759.60

日期	交易类型	凭证种类	凭证号	对方户名	摘要	借方发生额	贷方发生额	余额	记账信息
12-5	转账	现金支票	50241011	略	发放工资	135 336.96		7 668 422.64	略
12-6	转账	其他	2567036		缴税	3 162.20		7 665 260.44	
12-7	转账	转账支票	10565222		缴纳公积金	41 760.00		7 623 500.44	
12-10	转账	同城特约委托收款	210		缴纳社保	71 340.00		7 552 160.44	
12-10	转账	转账支票	100911		收到货款		580 000.00	8 132 160.44	
12-11	转账	现金支票	50241012		取现	3 000.00		8 129 160.44	
12-12	转账	转账支票	10565223		购买工作服	4 825.60		8 124 334.84	
12-13	转账	电汇	16345532		支付货款	50 000.00		8 074 334.84	
12-14	转账	其他	1801		借款		1 000 000.00	9 074 334.84	
12-17	转账	银行汇票	14836510		付货款	15 000.00		9 059 334.84	
12-17	转账	银行汇票	14836510		退款		1 080.00	9 060 414.84	
12-18	转账	转账支票	10565224		购买原材料	91 616.80		8 968 798.04	
12-19	转账	转账支票	10565225		购买工程物资	2 320.00		8 966 478.04	
12-20	转账	电汇	21		股票投资	100 000.00		8 866 478.04	
12-20	转账	其他	8765		支付电话费	4 400.00		8 862 078.04	
12-20	转账	其他	8766		支付水费	990.00		8 861 088.04	
12-20	转账	其他	8768		支付电费	28 573.12		8 832 514.92	
12-21	转账	转账支票	101160		收到货款		928 000.00	9 760 514.92	
12-21	转账	存现			废料收入		1 800.00	9 762 314.92	
12-21	转账	其他			利息支出	1 166.67		9 761 148.25	
12-21	转账	其他			利息收入		986.30	9 762 134.55	
12-24	转账	转账支票	10565226		支付杂志费	1 320.00		9 760 814.55	
12-24	转账	现金支票	50241013		困难补助	12 000.00		9 748 814.55	
12-25	转账	电汇	16345533		付货款	996 588.00		8 752 226.55	
12-25	转账	转账支票	10565227		捐款	3 000.00		8 749 226.55	
12-25	转账	转账支票	10565228		购买零件	1 160.00		8 748 066.55	
12-26	转账	转账支票	10565229		支付广告费	53 000.00		8 695 066.55	
12-27	转账	转账支票	10565214		收到货款		1 160 000.00	9 855 066.55	
12-28	转账	其他	12340561		收退款		928.00	9 855 994.55	

截至：2018年12月31日　　　账户余额：9 855 994.55　　　保留余额：0.00　　　冻结余额：0.00

透支余额：0.00　　可用余额：9 855 994.55

打印日期：2018-12-31

业务 4.12-2/2

银行存款余额调节表

开户行：　　　　　　　　　　　　　　账号：

项目	金额	项目	金额
企业银行存款日记账余额		银行对账单余额	
加：银行已收、企业未收款		加：企业已收、银行未收款	
减：银行已付、企业未付款		减：企业已付、银行未付款	
调节后余额		调节后余额	

主管：　　　　　　　　会计：　　　　　　　　出纳：

编制单位：

业务 4.14-1/2

利润表

年　月　日

会企 02 表

编制单位：　　　　　　　　　　　　　　　　　　　　　单位：元

项　目	本期金额
一、营业收入	
减：营业成本	
税金及附加	
销售费用	
管理费用	
研发费用	
财务费用	
其中：利息费用	
利息收入	
资产减值损失	
加：其他收益	
投资收益（损失以"-"号填列）	
其中：对联营企业和合营企业的投资收益	
公允价值变动收益（损失以"-"号填列）	
资产处置收益（损失以"-"号填列）	
二、营业利润（亏损以"-"号填列）	
加：营业外收入	
减：营业外支出	
三、利润总额（亏损总额以"-"号填列）	

业务 4.14-2/2

应交所得税计算表

年　月　　　　　　　　　　　　　　金额单位：元

项　目	行数	本月数
一、利润总额（亏损总额以"－"号填列）		
加：纳税调整增加额		
减：纳税调整减少额		
二、应纳税所得额		
适用税率		
三、应纳所得税额		

财务主管：　　　　　　　　　　　制单：

业务 4.15

利润分配计算表

年度　　　　　　　　　　　　　　金额单位：元

利润分配项目	分配基数	分配比例	分配金额
合　计			

会计主管：　　　　　　　　　　　制单：

业务 4.18-1/4

资产负债表

会企 01 表

编制单位：　　　　　　　　　　　　年　月　日　　　　　　　　　　　　单位：元

资产	期末余额	年初余额	负债和所有者权益（或股东权益）	期末余额	年初余额
流动资产：			流动负债：		
货币资金			短期借款		
以公允价值计量且其变动计入当期损益的金融资产			以公允价值计量且其变动计入当期损益的金融负债		
衍生金融资产			衍生金融负债		
应收票据及应收账款			应付票据及应付账款		
预付款项			预收款项		
其他应收款			应付职工薪酬		
存货			应交税费		
持有待售资产			其他应付款		
一年内到期的非流动资产			持有待售负债		
其他流动资产			一年内到期的非流动负债		
流动资产合计			其他流动负债		
非流动资产：			流动负债合计		
可供出售金融资产			非流动负债：		
持有至到期投资			长期借款		
长期应收款			应付债券		
长期股权投资			其中：优先股		
投资性房地产			永续债		
固定资产			长期应付款		
在建工程			预计负债		
生产性生物资产			递延收益		
油气资产			递延所得税负债		
无形资产			其他非流动负债		
开发支出			非流动负债合计		
商誉			负债合计		
长期待摊费用			所有者权益（或股东权益）：		
递延所得税资产			实收资本（或股本）		
其他非流动资产			其他权益工具		
非流动资产合计			其中：优先股		
			永续债		
			资本公积		
			减：库存股		
			其他综合收益		
			盈余公积		
			未分配利润		
			所有者权益（或股东权益）合计		
资产总计			负债和所有者权益（或股东权益）总计		

业务4.18-2/4

利润表

会企02表

编制单位： 年 月 单位：元

	本期金额	上期金额
一、营业收入		
减：营业成本		
税金及附加		
销售费用		
管理费用		
研发费用		
财务费用		
其中：利息费用		
利息收入		
资产减值损失		
加：其他收益		
投资收益（损失以"－"号填列）		
其中：对联营企业和合营企业的投资收益		
公允价值变动收益（损失以"－"号填列）		
资产处置收益（损失以"－"号填列）		
二、营业利润（亏损以"－"号填列）		
加：营业外收入		
减：营业外支出		
三、利润总额（亏损总额以"－"号填列）		
减：所得税费用		
四、净利润（净亏损以"－"号填列）		
（一）持续经营净利润（净亏损以"－"号填列）		
（二）终止经营净利润（净亏损以"－"号填列）		
五、其他综合收益的税后净额		
（一）不能重分类进损益的其他综合收益		
1.重新计量设定受益计划变动额		
2.权益法下不能重分类转损益的其他综合收益		
⋮		
（二）将重分类进损益的其他综合收益		
1.权益法下可转损益的其他综合收益		
2.可供出售金融资产公允价值变动损益		
3.持有至到期投资重分类为可供出售金融资产损益		
4.现金流量套期损益的有效部分		
5.外币财务报表折算差额		
⋮		
六、综合收益总额		
七、每股收益：		
（一）基本每股收益		
（二）稀释每股收益		

业务 4.18-3/4

现金流量表

会企 03 表

编制单位： 年 月 单位：元

项目	行次	本期金额	上期金额
一、经营活动产生的现金流量：			
销售商品、提供劳务收到的现金	1		
收到其他与经营活动有关的现金	2		
经营活动现金流入小计	3		
购买商品、接受劳务支付的现金	4		
支付给职工以及为职工支付的现金	5		
支付的各项税费	6		
支付其他与经营活动有关的现金	7		
经营活动现金流出小计	8		
经营活动产生的现金流量净额	9		
二、投资活动产生的现金流量：			
收回投资收到的现金	10		
取得投资收益收到的现金	11		
处置固定资产、无形资产和其他长期资产收回的现金净额	12		
投资活动现金流入小计	13		
购建固定资产、无形资产和其他长期资产支付的现金	14		
投资支付的现金	15		
投资活动现金流出小计	16		
投资活动产生的现金流量净额	17		
三、筹资活动产生的现金流量：			
取得借款收到的现金	18		
吸收投资收到的现金	19		
筹资活动现金流入小计	20		
偿还债务支付的现金	21		
分配股利、利润或偿付利息支付的现金	22		
筹资活动现金流出小计	23		
筹资活动产生的现金流量净额	24		
四、汇率变动对现金及现金等价物的影响	25		
五、现金及现金等价物净增加额	26		
加：期初现金及现金等价物余额	27		
六、期末现金及现金等价物余额	28		

业务 4.18—4/4

所有者权益变动表

会企04表

编制单位：　　　　　　　　　　　　　　　年　　　　　　　　　　　　　　　单位：元

项目	本年金额								上年金额							
	实收资本（或股本）	其他权益工具			资本公积	减：库存股	其他综合收益	盈余公积	未分配利润	所有者权益合计	实收资本（或股本）	其他权益工具			资本公积	减：库存股	其他综合收益	盈余公积	未分配利润	所有者权益合计
		优先股	永续债	其他								优先股	永续债	其他						
一、上年年末余额																				
加：会计政策变更																				
前期差错更正																				
其他																				
二、本年年初余额																				
三、本年增减变动金额（减少以"-"号填列）																				
（一）综合收益总额																				
（二）所有者投入和减少资本																				
1.所有者投入的普通股																				
2.其他权益工具持有者投入资本																				
3.股份支付计入所有者权益的金额																				
4.其他																				
（三）利润分配																				
1.提取盈余公积																				
2.对所有者（或股东）的分配																				
3.其他																				
（四）所有者权益内部结转																				
1.资本公积转增资本（或股本）																				
2.盈余公积转增资本（或股本）																				
3.盈余公积弥补亏损																				
4.设定受益计划变动额结转留存收益																				
5.其他																				
四、本年年末余额																				

业务 4.20-1/4

增值税纳税申报表

（适用于增值税一般纳税人）

根据国家税收法律法规及增值税相关规定制定本表。纳税人不论有无销售额，均应按税务机关核定的纳税期限填写本表，并向当地税务机关申报。

税款所属时间：自　　年　月　日　至　　年　月　日　　填表日期：　　年　月　日　　金额单位：元至角分

纳税人识别号：　　　　　　　　　　　　　　所属行业：

纳税人名称		（公章）	法定代表人姓名		注册地址			生产经营地址		
开户银行及账号				登记注册类型				电话号码		

	项　目	栏次	一般项目		即征即退项目	
			本月数	本年累计	本月数	本年累计
销售额	（一）按适用税率征税销售额	1				
	其中：应税货物销售额	2				
	应税劳务销售额	3				
	纳税检查调整的销售额	4				
	（二）按简易征收办法征税销售额	5				
	其中：纳税检查调整的销售额	6				
	（三）免、抵、退办法出口销售额	7				
	（四）免税销售额	8				
	其中：免税货物销售额	9				
	免税劳务销售额	10				
税款计算	销项税额	11				
	进项税额	12				
	上期留抵税额	13				
	进项税额转出	14				
	免、抵、退应退税额	15				
	按适用税率计算的纳税检查应补缴税额	16				
	应抵扣税额合计	17=12+13-14-15+16				
	实际抵扣税额	18（如17<11，则为17，否则为11）				
	应纳税额	19=11-18				
	期末留抵税额	20=17-18				
	简易征收办法计算的应纳税额	21				
	按简易征收办法计算的纳税检查应补缴税额	22				
	应纳税额减征额	23				
	应纳税额合计	24=19+21-23				
税款缴纳	期初未缴税额（多缴为负数）	25				
	实收出口开具专用缴款书退税额	26				
	本期已缴税额	27=28+29+30+31				
	①分次预缴税额	28				
	②出口开具专用缴款书预缴税额	29				
	③本期缴纳上期应纳税额	30				
	④本期缴纳欠缴税额	31				
	期末未缴税额（多缴为负数）	32=24+25+26-27				
	其中：欠缴税额（≥0）	33=25+26-27				
	本期应补(退)税额	34 = 24-28-29				
	即征即退实际退税额	35				
	期初未缴查补税额	36				
	本期入库查补税额	37				
	期末未缴查补税额	38=16+22+36-37				

授权声明	如果你已委托代理人申报，请填写下列资料： 为代理一切税务事宜，现授权 （地址）　　　　为本纳税人的代理申报人，任何与本申报表 有关的往来文件，都可寄予此人。 　　　　　　　　　　　　　授权人签字：	申报人声明	此纳税申报表是根据《中华人民共和国增值税暂行条例》的规定填报的，我确认它是真实的、可靠的、完整的。 　　　　　　　　　声明人签字：

主管税务机关：　　　　　　　接收人：　　　　　　　接收日期：

业务 4.20-2/4

增值税纳税申报表附列资料（一）

（本期销售情况明细）

纳税人名称：（公章）　　　　　税款所属时间：　　　至　　　　　　金额单位：元至角分

项目	栏次	开具税控增值税专用发票		开具其他发票		未开具发票		纳税检查调整		合计			服务、不动产和无形资产扣除项目本期实际扣除金额	扣除后	
		销售额	销项(应纳)税额	销售额	销项(应纳)税额	销售额	销项(应纳)税额	销售额	销项(应纳)税额	销售额	销项(应纳)税额	价税合计		含税(免税)销售额	销项(应纳)税额
		1	2	3	4	5	6	7	8	9=1+3+5+7	10=2+4+6+8	11=9+10	12	13=11-12	$14=13\div(100\%+税率或征收率)\times税率或征收率$
一、一般计税方法计税 全部征税项目 16%税率的货物及加工修理修配劳务	1														
16%税率的服务、不动产和无形资产	2														
13%税率	3														
10%税率	4														
6%税率	5														
其中：即征即退项目 即征即退的货物及加工修理修配劳务	6														
即征即退的服务、不动产和无形资产	7														
二、简易计税方法计税 全部征税项目 6%征收率	8														
5%征收率的货物及加工修理修配劳务	9a														
5%征收率的服务、不动产和无形资产	9b														
4%征收率	10														
3%征收率的货物及加工修理修配劳务	11														
3%征收率的服务、不动产和无形资产	12														
预征率　　%	13a							—	—						
预征率　　%	13b							—	—						
预征率　　%	13c							—	—						
其中：即征即退项目 即征即退的货物及加工修理修配劳务	14														
三、免抵退税 货物及加工修理修配劳务	15														
服务、不动产和无形资产	16														
四、免税 货物及加工修理修配劳务	17														
货物及加工修理修配劳务	18														
服务、不动产和无形资产	19														

业务 4.20-3/4

增值税纳税申报表附列资料（二）

（本期进项税额明细）

税款所属时间：　　　　至

纳税人名称：（公章）　　　　　　　　　　　　　　　　　　　金额单位：元至角分

一、申报抵扣的进项税额				
项目	栏次	份数	金额	税额
（一）认证相符的税控增值税专用发票	1=2+3			
其中：本期认证相符且本期申报抵扣	2			
前期认证相符且本期申报抵扣	3			
（二）其他扣税凭证	4=5+6+7+8			
其中：海关进口增值税专用缴款书	5			
农产品收购发票或者销售发票	6			
代扣代缴税收通用缴款书	7		—	
其他	8			
（三）本期用于购建不动产的扣税凭证	9			
（四）本期不动产允许抵扣进项税额	10			
（五）外贸企业进项税额抵扣证明	11			
当期申报抵扣进项税额合计	12=1+4-9+10+11			
二、进项税额转出额				
项目	栏次	税额		
本期进项税转出额	13=14至23之和			
其中：免税项目用	14			
非应税项目用、集体福利、个人消费	15			
非正常损失	16			
简易计税方法征税项目用	17			
免抵退税办法不得抵扣的进项税额	18			
纳税检查调减进项税额	19			
红字专用发票信息表注明的进项税额	20			
上期留抵税额抵减欠税	21			
上期留抵税额退税	22			
其他应作进项税额转出的情形	23			
三、待抵扣进项税额				
项目	栏次	份数	金额	税额
（一）认证相符的税控增值税专用发票	24	—	—	—
期初已认证相符但未申报抵扣	25			
本期认证相符且本期未申报抵扣	26			
期末已认证相符但未申报抵扣	27			
其中：按照税法的规定不允许抵扣	28			
（二）其他扣税凭证	29=30+31+32+33			
其中：海关进口增值税专用缴款书	30			
农产品收购发票或者销售发票	31			
代扣代缴税收缴款凭证	32			
其他	33			
	34			
四、其他				
项目	栏次	份数	金额	税额
本期认证相符的税控增值税专用发票	35			
代扣代缴税额	36	—	—	

业务4.20-4/4

A200000 中华人民共和国
企业所得税月（季）度预缴纳税申报表（A类）

税款所属期间：　年　月　日至　年　月　日

纳税人识别号（统一社会信用代码）：□□□□□□□□□□□□□□□□□□

纳税人名称：　　　　　　　　　　　　　　　　　　　　金额单位：人民币元（列至角分）

预缴方式	□ 按照实际利润额预缴	□ 按照上一纳税年度应纳税所得额平均额预缴	□ 按照税务机关确定的其他方法预缴
企业类型	□ 一般企业	□ 跨地区经营汇总纳税企业总机构	□ 跨地区经营汇总纳税企业分支机构

预缴税款计算

行次	项　目	本年累计金额
1	营业收入	
2	营业成本	
3	利润总额	
4	加：特定业务计算的应纳税所得额	
5	减：不征税收入	
6	减：免税收入、减计收入、所得减免等优惠金额（填写A201010）	
7	减：固定资产加速折旧（扣除）调减额（填写A201020）	
8	减：弥补以前年度亏损	
9	实际利润额（3+4-5-6-7-8）\ 按照上一纳税年度应纳税所得额平均额确定的应纳税所得额	
10	税率(25%)	
11	应纳所得税额（9×10）	
12	减：减免所得税额（填写A201030）	
13	减：实际已缴纳所得税额	
14	减：特定业务预缴（征）所得税额	
15	本期应补（退）所得税额（11-12-13-14）\ 税务机关确定的本期应纳所得税额	

汇总纳税企业总分机构税款计算

16	总机构填报	总机构本期分摊应补（退）所得税额（17+18+19）	
17		其中：总机构分摊应补（退）所得税额（15×总机构分摊比例＿＿%）	
18		财政集中分配应补（退）所得税额（15×财政集中分配比例＿＿%）	
19		总机构具有主体生产经营职能的部门分摊所得税额（15×全部分支机构分摊比例＿＿%×总机构具有主体生产经营职能部门分摊比例＿＿%）	
20	分支机构填报	分支机构本期分摊比例	
21		分支机构本期分摊应补（退）所得税额	

附报信息

小型微利企业	□是 □否	科技型中小企业	□是 □否
高新技术企业	□是 □否	技术入股递延纳税事项	□是 □否
期末从业人数			

谨声明：此纳税申报表是根据《中华人民共和国企业所得税法》《中华人民共和国企业所得税法实施条例》以及有关税收政策和国家统一会计制度的规定填报的，是真实的、可靠的、完整的。

法定代表人（签章）：　　　　年　月　日

纳税人公章： 会计主管： 填表日期：　年　月　日	代理申报中介机构公章： 经办人： 经办人执业证件号码： 代理申报日期：　年　月　日	主管税务机关受理专用章： 受理人： 受理日期：　年　月　日

国家税务总局监制